BRONNMANN/KOCHANSKY/SCHMID:
LERNEN LEHREN

ERZIEHEN UND UNTERRICHTEN IN DER SCHULE

Herausgegeben von
Rudolf W. Keck / Gerhard Meyer-Willner / Uwe Sandfuchs

LERNEN LEHREN

Training von Lernmethoden und Arbeitstechniken
– eine Aufgabe der Schule

von

Wilhelm Bronnmann
Gerhard Kochansky
und
Wolfgang F. Schmid

1981

VERLAG JULIUS KLINKHARDT · BAD HEILBRUNN/OBB.

CIP-Kurztitelaufnahme der Deutschen Bibliothek

Bronnmann, Wilhelm:
Lernen lehren : Training von Lernmethoden u.
Arbeitstechniken – e. Aufgabe d. Schule /
von Wilhelm Bronnmann, Gerhard Kochansky u.
Wolfgang F. Schmid. – Bad Heilbrunn/Obb. :
Klinkhardt, 1981.
  (Erziehen und Unterrichten in der Schule)
  ISBN 3-7815-0438-7

NE: Kochansky, Gerhard:; Schmid, Wolfgang F.:;
GT

1981. 3. Ii. Alle Rechte vorbehalten
Gesamtherstellung: Graphischer Großbetrieb Friedrich Pustet, Regensburg
Printed in Germany 1981
ISBN 3-7815-0438-7

Zur Konzeption der Lernbuchreihe »Erziehen und Unterrichten in der Schule«

Erziehen und Unterrichten sind die Hauptfunktionen des Lehrerberufs. Die in den einzelnen Bänden der Reihe dargestellten Funktionskomplexe (Differenzieren und Individualisieren, Interessieren und Motivieren, Beraten und Helfen usw.) sind von diesen Hauptfunktionen abgeleitete zentrale Teilbereiche der Arbeit des Lehrers. Aufgabe der Lehrerausbildung wie auch der Lehrerweiter- und -fortbildung ist die Vermittlung grundlegender Kenntnisse in diesen Bereichen. Unsere Lernbuchreihe wendet sich daher an Studenten aller Lehrämter und Lehrer aller Schulstufen und Schularten. Sie ist konzipiert für den Einsatz im schulpädagogischen Grundstudium sowie in der Zweiten Phase der Lehrerausbildung; sie gibt aber auch dem erfahrenen Lehrer zahlreiche Anregungen und Gelegenheit, seine Praxis an neuen Forschungsergebnissen zu überprüfen.

Die Reihe will zur Überwindung der Kluft zwischen erziehungswissenschaftlicher Theorie und pädagogischer Praxis beitragen, indem sie den Stand der praxisrelevanten theoretischen Diskussion widerspiegelt und zugleich die theoretische Darstellung an Beispielen aus der Unterrichtspraxis konkretisiert. Die Handlungsorientierung der Reihe und das Bemühen um praxisnahe und situationsgerechte Aufarbeitung pädagogischer Probleme lassen sich auch an den in der Aktionsform ausgedrückten Titeln der Einzelbände ablesen.

Die Reihe ist auch ausdrücklich zum Selbststudium gedacht: Jeder Band enthält (entsprechend den Erfordernissen des jeweiligen Themas) über den Darstellungsteil hinaus kommentierte Literaturhinweise und Arbeitsaufgaben zum selbständigen Weiterstudium, prägnante Zusammenfassungen und Prüffragen als Lernhilfe und zur Sicherstellung des Lernerfolges.

Der vorliegende Band versucht, das »Lernen Lehren« als Konsequenz aus den Bestrebungen der reformpädagogischen Erneuerung, aus Ergebnissen der Unterrichtsforschung und aus lernpsychologischen Befunden zu thematisieren und als Voraussetzung für Unterricht zu fassen.

Lernen Lehren wird verfolgt unter pädagogischem, kommunikativem, lernpsychologischem, didaktischem und methodischem Aspekt. Im Mittelpunkt der Schrift stehen deshalb Hinweise auf Lerntechniken und praxisnahe Überlegungen zur Veränderung der lehrerzentrierten Unterrichtskultur.

Hildesheim/Braunschweig, im Herbst 1980   Die Herausgeber

Vorwort

Lernen lehren, das ist eine Konsequenz, die sich aus Schulversuchen bzw. aus lernpsychologischen Befunden der letzten Jahre ergibt.

Lernen lehren, das ist die Bedingung der Möglichkeit für den Übergang vom *geschlossenen zum offenen* Unterricht. Dieser Übergang vollzieht sich dadurch, daß zunehmend mehr Lehrfunktionen an die Schüler delegiert werden. Der Schüler übernimmt wesentlich mehr Verantwortung im Hinblick auf den Unterricht als »Vermittlung von Information«. Lernen lehren ist die Voraussetzung für selbständiges Lernen. Durch diese Entlastung gewinnt der Lehrer die Möglichkeit, im Unterricht nicht nur informationelle, sondern auch wieder pädagogische Funktionen zu verwirklichen.

Als *Lernorganisation* ist Unterricht ein kooperatives Geschehen. Dieses wird durch die Begriffe *Kommunikation* und *Interaktion* treffend ausgedrückt. Unter dem Gesichtspunkt der Gemeinsamkeit von Lehren und Lernen versucht dieses Lernbuch aufzuzeigen, in welche Richtung die kooperative Lernorganisation vorbereitet werden muß. Im Grunde sind die Teile des Buches Analogien zu dem, was unter sachlicher, didaktischer, methodischer Analyse verstanden wird.

Im 1. Teil (Inhaltsverzeichnis 2) werden, nachdem die Gründe für das Lehren des Lernens genannt worden sind, Wege skizziert, auf denen sich dieser Lehrprozeß praktisch gestalten läßt. Auf der Grundlage lernpsychologischer Befunde orientiert sich diese Skizzierung an den Dimensionen des Unterrichts.

Im folgenden Teil (Inhaltsverzeichnis 3) wird gezeigt, daß sich das Lernen-Lehren sowohl als Vermittlung von Arbeitstechniken als auch durch Transparenz der Unterrichtsstruktur gestalten läßt. Durch den exemplarischen Charakter sollen Anregungen gegeben werden, sich im Hinblick auf den eigenen Unterricht selbst einen individuellen Weg zu markieren.

Im Kapitel 4 schließlich werden die Unterrichtsformen vorgestellt, die das Lehren des Lernens am besten unterstützen.

Das Lernbuch »Lernen lehren« ist so angelegt worden, daß es sich sowohl für die erste als auch für die zweite Phase der Lehrerausbildung eignet. Diese Anlage ergab sich aus entsprechenden Lehrveranstaltungen.

Flensburg, Herbst 1980

W. Bronnmann
G. Kochansky
W. F. Schmid

Inhalt

1. Der reformpädagogische Ansatz einer Theorie der Arbeitstechniken

Lernen-lehren ist eine Forderung, die seit der Reformpädagogik zunehmend an Bedeutung gewinnt. Ein kurzer historischer Rückblick soll den Kontext der aktuellen Forderung mit der Reformpädagogik herstellen. Wenn wir zum Einstieg in das Thema die wichtigsten Positionen in der Reformpädagogik in kennzeichnenden Linien herausstellen, so verfolgen wir damit das Ziel, an prägnanten Beispielen eine Sensibilisierung für die Aufgabe einer Erneuerung des Unterrichts entsprechend unserem Ansatz zu erreichen.

Ein wichtiges Ziel der Reformpädagogik war die Förderung der *Selbständigkeit* oder *Selbsttätigkeit*. Auf die kürzeste Formel gebracht, war es das Ziel, Lernen und »geistiges Wachsen« durch Eigentätigkeit zu fördern. Im Zentrum aller Überlegungen stand nicht so sehr die Handlungsweise des Lehrers, sondern in erster Linie die des Schülers.

Hier einige *Beispiele*.

Bei *Hugo Gaudig* (1860–1923) waren die Gedankengänge seiner Didaktik idealistischer Herkunft. Nur von der »spontan« geleisteten »geistigen Arbeit« erwartete er den bildenden Gewinn. Dieser Glaube an die Kraft geistiger Selbstverwirklichung ist zwar bereits bei *Pestalozzi*, *Fichte* und *Natorp* zu finden. Aber *Gaudig* machte ihn zum Fundament seiner Didaktik.

Selbsttätigkeit als Tätigkeit der »werdenden Persönlichkeit« führt nach *Gaudig* zum Ich, zur vollkommenen Persönlichkeit. Damit dieser Prozeß in Gang kommt, muß der Unterricht so aufgebaut sein, daß »aus eigenem Antrieb, mit eigenen Kräften, auf selbstgewählten Bahnen, zu frei gewählten Zielen« gelernt werden kann. Der Anstoß dürfe nicht von außen, sondern muß von den Lernobjekten oder aus der inneren Vorstellung kommen. Die Festlegung und Einengung durch die Schematisierung des Stundenverlaufs ist ebenso verderblich wie die Planlosigkeit.

Leitend müsse vielmehr die Arbeitstechnik der Schüler selbst sein: die Technik des Auswendiglernens, des Beschreibens und Schilderns, des Fragens, des Erzählens, des Erläuterns von Texten, der Berichtigung eigener sprachlicher Entwürfe und die Benutzung des Lexikons.

Gaudigs Mitarbeiter *Otto Scheibner* (1877–1962) unterschied vier Hauptformen der »freien geistigen Selbsttätigkeit«:
– die Arbeit am anschaulichen Objekt
– die Arbeit am sprachlich gefaßten Gegenstand

- die Arbeit am gedanklichen Gegenstand und
- die Arbeit am darzustellenden Gegenstand.

Für alle diese Arbeitsgebiete formulierte er Grundformen des Arbeitsvorganges (Ziel formulieren, Arbeitsmittel bereitstellen, Arbeitsweg planen, Teilarbeiten verrichten, Ergebnisse prüfen) und stellte Forderungen an diese Vorgänge, damit sie bildend sein könnten. Solche Forderungen sind *Selbständigkeit, Naturgemäßheit* (entwicklungstreu, kindgemäß), *Wirtschaftlichkeit* (kräftesparend), *Stoffgemäßheit, Lebensnähe* und *sachliche Ergiebigkeit.*

Bei der *Erziehung zum Arbeitsvorgang* sollen die *Einschulung auf die Arbeitstechniken* und die *Pflege der Arbeitsverfassung* Hand in Hand gehen.

In *Georg Kerschensteiners* (1854–1932) Idee der Arbeitsschule hatte zwar »die geistige Zucht« seit eh und je einen nicht unbedeutenden Stellenwert. Aber erst die Auseinandersetzung mit der Gaudigschen Richtung führte zu einer deutlichen Hervorhebung geistiger Anstrengung in der Handarbeit und im Experiment. Der Wettlauf mit den Gaudigschen Ideen hatte ihn nach und nach zu dieser Verschiebung gebracht. So zielt zuletzt auch Kerschensteiners Ansatz auf eine Pädagogik der geistigen Selbsttätigkeit. Der Schüler sollte aus seinem Selbst heraus, aus seiner inneren Freiheit, aus seiner Spontaneität Tätigkeit entfalten.

Diese Beispiele sollen genügen, um zu zeigen, wie die Diskussion um Arbeitstechniken um die Jahrhundertwende geführt wurde. Die Schwächen dieser Ansätze liegen einmal in der »rudimentären Konkretisierung« (*Vettiger/Kobel/Kummer* 1979), zum andern bleibt der Begriff »Arbeitstechnik« unpräzise und unklar.

Dennoch: die Diskussion ist bis heute nicht abgerissen. Im Gegenteil: der Ruf nach besseren Arbeitstechniken wird wieder besonders laut und deutlich; denn die Reformpädagogik konnte nur partiell eine Wende in der Schulpraxis herbeiführen.

Fragen zur Wiederholung:
- Welchen Grundsatz machte *Gaudig* zum Fundament seiner Didaktik?
- Welche vier Hauptformen geistiger Selbsttätigkeit werden von *Scheibner* genannt?
- Wie sind die Schwächen des reformpädagogischen Ansatzes zum Lernen von Arbeitstechniken zu beschreiben?

Literaturhinweise:

Gaudig, H.: Die Schule im Dienste der werdenden Persönlichkeit, Berlin, 1917.
Gaudig, H.: Didaktische Präludien, Leipzig, Berlin, (1908) 1921.
Gaudig, H.: Freie geistige Schularbeit in Theorie und Praxis, Breslau, 1921.
Kerschensteiner, G.: Begriff der Arbeitsschule, München, Stuttgart, (1911) 1961.

Kerschensteiner, G.: Wesen und Wert des naturwissenschaftlichen Unterrichts, München, Düsseldorf, Stuttgart, (1914) 1963.
Scheibner, O.: Die Arbeitsschule in Idee und Gestaltung, Heidelberg, (1927) 1962.
Über *Gaudig, Kerschensteiner, Scheibner* vgl. *Hoof, D.:* Die Schulpraxis der pädagogischen Bewegung des 20. Jahrhunderts, Bad Heilbrunn, 1969, und die dort angegebene einschlägige Bibliographie.

2. Arbeits- und Lerntechniken im Zusammenhang lernpsychologischer und schulpädagogischer Überlegungen

2.1 Definition der Begriffe Arbeits- und Lerntechnik

Zu Beginn längerer Ausführungen über die Notwendigkeit des Lernens von Techniken und über ihren »Stellenwert« in Lernprozessen soll eine Definition angeboten werden.

Unter Arbeitstechniken werden »*alle fachspezifischen und überfachlichen Arbeitsweisen und -methoden manueller (psychomotorischer) und geistiger (kognitiver) Bildungsarbeit*« verstanden (*Sandfuchs* 1973). Dabei kann der Begriff Arbeitstechnik auch durch Lerntechnik ersetzt werden; denn *es handelt sich um Techniken des selbständigen, alleinigen Lernens, aber auch um Techniken des Lernens mit anderen.*

Das letzte ist besonders typisch für die Schule. Schulisches Lernen findet immer in Gegenwart von anderen Schülern oder in Zusammenarbeit mit anderen Schülern statt.

Begriffe wie Lernen, Unterricht, soziales Lernen, Lernschwierigkeiten, Lernhilfen können demnach nicht unerwähnt bleiben, wenn nach der Bedeutung von Arbeitstechniken gefragt wird.

Zum anderen muß auch gefragt werden nach Methoden der Vermittlung von solchen Techniken, nach dem Lehren von Lernen.

Fragen wir zuerst nach Theorien für den Vorgang, den wir Lernen nennen.

2.2 Versuche, das Lernen zu erklären

2.2.1 Definition des Lernens

Angesichts der Fülle von Literatur, die Lernen thematisiert, kann hier nicht der Anspruch erhoben werden, die verschiedenen Theorien auch nur annähernd zu erfassen. Diese Einschränkung gilt sogar im Hinblick auf die vielen Versuche, Abhandlungen, die sich mit Lernen befassen, übersichtlich darzustellen bzw. nach bestimmten Gesichtspunkten zu ordnen.

Das, was hier dargestellt wird, ist nach seiner Relevanz für den Unterricht ausgewählt worden. Die Darstellung selbst versteht sich lediglich als Referat verschiedener Zugänge, Lernen zu erklären.

»Lernen ist zwar der am meisten untersuchte Gegenstand der Psychologie, doch es gibt keine einheitliche Definition des Lernens. Allgemein läßt sich Lernen beschreiben als eine relativ dauerhafte Veränderung der Verhaltensmöglichkeiten auf Grund von Erfahrung.

So definiert *Cronbach* (1963, 71): ›Learning is shown by a change in behavior or result of experience‹.

Durch die Kennzeichnung als relativ dauerhaft (relatively permanent) werden kurzfristige Veränderungen auf Grund von Adaption, Ermüdung u. ä. ausgeschlossen. Eine Änderung (change) ergibt sich sowohl in quantitativer (Wahrscheinlichkeit, Intensität) als auch in qualitativer (Verhaltensweisen) Hinsicht. Von Verhaltensmöglichkeiten (tendency) wird gesprochen, weil diese als Erklärungsgrundlage (construct) des Verhaltens dienen können, ohne daß sich diese in einer Veränderung des äußeren Verhaltens zeigen (latent learning). Durch den Hinweis auf Erfahrung (experience, practice) werden Veränderungen auf Grund von Reifungsprozessen, Krankheiten, Verletzungen u. ä. ausgeschlossen. Auf diesen Umstand weisen besonders auch die Definitionen von *Hilgard* (1956) und *Hofstätter* (1972) hin.« (*Schröder* 1978, 546)

Mit Lernen wird also »jede umgebungsbezogene Verhaltensänderung« bezeichnet, »die als Folge einer individuellen . . . Informationsverarbeitung eintritt« (*Klix* 1971).

Eine schulpädagogisch relevante Definition wird eine *Orientierungsstruktur* in bezug auf diese Organisation zum Inhalt haben müssen, wenn sie wirklich praktikabel sein soll. Eine solche Struktur wird, wenn sie den verschiedenen *Lernformen* gerecht werden soll, variabel sein müssen.

»Nach *Gagné* (1973) lassen sich die verschiedenen Lernformen in eine hierarchische Ordnung (von der einfachsten zur komplexesten Form) bringen.

Beim *Signallernen* wird erkannt, daß bestimmte Gegebenheiten in der Welt Zeichen für etwas sind, d. h. als Bedeutungsträger fungieren und somit Signalcharakter haben. Hierbei werden ursprünglich neutrale Reize zu Bedeutungsträgern, bzw. ändern Zeichen während des Lernprozesses ihren Bedeutungsgehalt.

Das *Reiz-Reaktions-Lernen* besteht darin, daß der Lernende (auf Grund von Erfolg und Mißerfolg) lernt, auf bestimmte Reize spezifisch zu reagieren.

Beim *Kettenlernen* werden verschiedene gelernte Verhaltensformen aneinandergeknüpft. Ein Verhaltensbestandteil geht in den anderen über, bzw. wird Ursache (auslösendes Moment) für den anderen.

Durch die sprachliche Assoziation entsteht eine Verbindung der Sache mit der entsprechenden Bezeichnung. Hierbei wird der Name stellvertretend für die Sache, er bekommt Repräsentationscharakter.

Bei der *multiplen Diskrimination* wird gelernt, Mehrfachunterscheidungen vorzunehmen, die es ermöglichen, Sachverhalte, welche zwar sehr ähnlich sind, aber unterschiedliche Bedeutung haben, ihren spezifischen Bedeutungen zuzuordnen.

Das *Begriffslernen* ermöglicht für Dinge, welche einander ähnlich und mit Namen versehen sind, durch Herausfinden der Gemeinsamkeit und entsprechender Abstraktion den Oberbegriff zu finden.

Beim Regellernen werden Zusammenhänge, Gesetzmäßigkeiten und Beziehungen (z. B. Ursache-Wirkung-Verhältnis) erkannt und die gefundenen Regeln sinnvoll angewandt.

Das *Problemlösen* stellt die höchste Form des Lernens dar und ermöglicht in einer problematischen Situation, selbständig Wege zur Bewerkstelligung der Situation zu finden. (*Schröder* 1978, 546 f.)

Eine komplexere Unterscheidung zwischen einzelnen Modi des Lernens liefern folgende Bestimmungen:

»Lernen als Effekt der Konditionierung. Unter Konditionierung verstehen wir die ›bedingende‹ Steuerung von Verhaltensweisen des Individuums durch vorhergeplante Reize. Die vom Organismus geäußerten Reaktionen werden in der Wahrscheinlichkeit ihres Auftretens durch Verstärkung verändert.« (*Hastenteufel* 1978, 73)

»In der *klassischen Konditionierung* wird ein Stimulus (Sinnesreiz), der mit Sicherheit eine Reaktion (einen Reflex) bedingt, so lange mit einem andern, anfänglich ›neutralen‹ Reiz zusammen dargeboten, bis dieser Zusatzreiz eine ähnliche Reaktion wie der Originalreiz auslöst und diesen ersetzen kann.« (*I. P. Pawlow* 1849–1936, ebd.)

»Die *instrumentelle Konditionierung* wurde von *Bechterew* (1857–1927) als abgeändertes Theoriekonzept in die Diskussion gebracht. Von der klassischen Konditionierung unterscheidet es sich hauptsächlich dadurch, daß die Bekräftigung, auf der die konditionierte Verbindung beruht, erst nach erfolgter Reaktion eintritt: positive Belohnung kann dabei ›instrumentell‹ ebenso eingesetzt werden wie Flucht, Vermeidung oder Training höherer Ordnung.« (nach *Hastenteufel* 1978, 73 f.)

Die *operante Konditionierung* stellt die Beeinflußbarkeit weitgehend freiwilliger, nicht planmäßig hervorgerufener Handlungen in den Mittelpunkt. Während *Pawlow* nachwies, daß unterschiedliche Reize unter bestimmten Bedingungen gleiche Reaktionen hervorrufen können, zeigen *E. L. Thorndike* und *B. F. Skinner*, daß auf gleichförmige Reize unterschiedliche Reflexe und Reaktionen möglich sind. Die Stabilität der Handlung (Stärke des Lernens) ist abhängig von der Häufigkeit der fraglichen Handlung oder Verhaltensweise. Sie kann im erzieherischen Sinn verändert (vergrößert, verkleinert) werden durch den Einsatz von Verstärkern (Lob,

Belohnung, Tadel, Strafe). Die Darbietung eines lustvoll empfundenen Stimulus bezeichnet man als positive, die Verweigerung eines solchen oder die Vergabe eines leidvoll erlebten Stimulus als negative Verstärkung. Bekräftigung führt zum Ansteigen der Auftretenswahrscheinlichkeit von Verhaltensweisen; Nicht-Bekräftigung (oft ›Bestrafung‹ genannt) führt zur Abnahme der Reaktionshäufigkeit.« (ebd.)

»*Lernen durch Versuch und Irrtum*, ›Learning by trial and error‹, von *Thorndike* als Theorie begründet und inzwischen weiterentwickelt, bezeichnet kompliziertere Fälle der beschriebenen Konditionierungsformen. Der Lernende probiert verschiedene Verhaltensweisen aus, behält die ihm erfolgreich (günstig) erscheinenden Muster und verwirft (vergißt) die erfolglosen . . . Eine große Rolle bei diesen erfahrungsbedingten Einschätzungen spielt die Frustration = ›Versagung‹ aufgrund des Nicht-Erreichens einer dem Lebewesen wichtig erscheinenden Erwartung.

Die Pädagogik hat das Versuchslernen – teilweise vor der Aufstellung entsprechender Theorien – an verschiedenen Brennpunkten exemplarisch entwickelt. *J. Dewey* (1859–1952) möchte die kindlichen Lerninteressen so weit als möglich ›indirekt‹ erweitern und vertiefen. Dazu sollten Situationen und Probleme bereitgestellt werden, die einen gewissen Lernzwang in sich tragen. Die Auseinandersetzung damit vermittelt ›instrumentale Erfahrungen‹ . . . *G. Kerschensteiner* (1854–1932) will vor allem im Arbeitsunterricht über Versuch und Irrtum an die dem handwerklichen und industriellen Tun innewohnenden Gesetzmäßigkeiten heranführen.

R. Baden-Powell (1857–1941) . . . verbindet im ›Learning by trial and error‹ sowohl soziale wie handwerkliche und intellektuelle Absichten . . . Die Nachhaltigkeit der Lernerfahrungen ergibt sich aus dem handelnden Lernen (Learning by doing).« (*Hastenteufel* 1978, 73 ff.)

»*Lernen am Modell*. Schon die Theoretiker des Konditionierungslernens weisen auf die Wichtigkeit der Imitation bei der Steuerung von Motiven hin. Verhaltensformen, die durch Nachahmung von anderen Personen übernommen werden, können eine spontane, aber auch eine planvolle Verstärkung durch diese ›Modelle‹ erfahren.«

»*Skinners* Erklärung des Modellernens begreift die Imitation als ›selektive Nachahmung‹ und führt diese wiederum auf ›differentielle Verstärkung‹, also auf das Angebot erwünschter Modelle und auf die Bekräftigung wünschenswerter Imitationen zurück.« (*Hastenteufel* 1978, ebd.)

Versucht man das Gemeinsame der Theorieansätze für eine Definition des Lernens zusammenzustellen, dann gelangt man zu einer Art »*Grundmuster*« menschlichen Verhaltens. Jeder Augenblick des Verhaltens bzw. der Verhaltensänderung setzt sich (als Resultante) aus drei Komponenten zusammen, nämlich Wahrnehmung, Denken und Reaktion auf das Wahrgenommene bzw. Gedachte. Das Lernmoment ist dementsprechend ein *Dreischritt*, der in der schulpädagogischen Literatur unter-

schiedlich bezeichnet wird. *A. Vogel* (1973) hat eine Auswahl solcher Bezeichnungs-
möglichkeiten zusammengestellt und versucht, diese Zusammenstellung als Aus-
gangsbasis für die Formulierung einer Grundstruktur für die Lernorganisation zu
nutzen. Werden zu den aufgelisteten Bezeichnungen und zu den hier angedeuteten
Auffassungen im Hinblick auf das Lernen Begriffe gesucht, die allen Bemühungen am
ehesten gerecht werden, dann ergeben sich folgende Benennungen: *Wahrnehmung*
(Anschauung), *Denken* (Begriff), *Reaktion* auf das Wahrgenommene bzw. auf das
Gedachte (»choice«).

Wenn Verhaltensänderungen »Ketten« solcher Resultanten bilden, dann läßt sich
hieraus ein Artikulationsprinzip im Hinblick auf die Phasen der Lernorganisation
ableiten. Jede Unterrichtsphase wird dann durch Wahrnehmung, Durchdenken der
äußeren und/oder inneren Wahrnehmung und Reaktion gegliedert.

Zusammenfassung:

Lernen ist zwar der am meisten untersuchte Gegenstand der Psychologie, doch eine
einheitliche Definition gibt es nicht.

Allgemein läßt sich Lernen als eine relativ dauerhafte Veränderung der Verhaltensmöglichkeiten aufgrund von Erfahrung bestimmen. Kurzfristige Veränderungen und Veränderungen
aufgrund von Reifungsprozessen, Krankheiten, Verletzungen sind dabei ausgeschlossen.

Da *Unterricht als Organisation* bzw. *Initiation von Lernprozessen* aufgefaßt wird, ergibt sich
die Notwendigkeit, auf der Grundlage der anerkannten Ursachen für Verhaltensänderungen
Artikulationsschemata für den Unterricht zu entwickeln.

Ein solches *Grundmodell der Artikulation* ist
– Wahrnehmung,
– Denken,
– Reaktion.

Lernprozesse vollziehen sich grundsätzlich in dieser Abfolge, Unterricht muß demnach
analog strukturiert sein.

2.2.2 Vermittlung von Erfahrungssätzen

Erfahrungssätze sind Lernhilfen, Lerntips, die Verhalten steuern können.
Sie sollen Instruktionen übermitteln, die steuern, regeln oder verkürzen.
Wer es unternimmt, das Lernen zu lehren, kann auf solche Erfahrungssätze nicht
verzichten, weil der Prozeß des Lernens wegen seiner Komplexität nur nach und nach
introspektiv eingeholt und somit überhaupt erst erfahrbar werden kann. Dieser
Verzug des Selbstverständnisses ist keine Ausnahme. Die Entwicklung eines sensorischen, kognitiven, sensitiven oder motorischen Prozesses muß eine bestimmte Phase
erreicht haben, um in einem vorgängigen Stadium transparent werden zu können.

Wer z. B. nicht über die Introspektionsfähigkeit verfügt, bei wem also Selbstbeobachtungsstrategien noch nicht ausgebildet sind, bei dem stellt sich Information über einen Vorgang in seinem Bewußtsein überhaupt nicht ein. Bewußtes Verhalten bedarf der Begründung einer Metaebene, um sich über die *Begriffsbildung* organisieren zu können. Erfahrungssätze (sogenannte Lerntips oder Rezepte) können keine Handlungsstrukturen aufbauen, aber sie können Verhalten durch Bild- oder *Modellvorgaben* steuern, und zwar genau so lange, bis das Subjekt selbst Handlungsstrategien entwirft, indem es Erfahrungen »superiert«, d. h. zu einer Durchschnittsbildung von Verhaltensmustern gelangt. Rezepte als Handlungsanweisungen zu bezeichnen, hieße das Handeln auf »Imitation« bzw. auf »Dressur« zu reduzieren (reines Nachahmungsverhalten).

Handlungsanweisungen können immer nur Inhalte von Begriffen sein, weil bewußtes Verhalten (= handeln) eindeutig (empirisch, theoretisch oder praktisch) *begriffen* sein muß, bevor es sich vollziehen kann. Aus diesem Grund gehören Erfahrungssätze, die zu vermitteln sind, in den vor-bewußten Bereich individueller Lernorganisation; Verhalten verändert sich, aber diese Veränderungen bleiben eben noch mehr oder weniger unbewußt. Sätze, die nicht mit einem empirischen, theoretischen oder praktischen Begriff gebildet worden sind, sich also nicht auf Gesetzmäßigkeiten, Axiome oder Algorithmen beziehen, bestehen aus rezeptiven Inhalten, setzen nämlich Regeln, die nur zu befolgen, aber nicht zu begründen sind. Solche naiven Erfahrungssätze lassen sich jedoch in Handlungsregeln umwandeln, sobald sie sich als Ursache-Wirkung-Beziehung im Hinblick auf die mathetischen Funktionen Wahrnehmung, Denken, Gefühl, Verhalten darstellen lassen.

Nachfolgend werden die *wichtigsten Erfahrungssätze* naiver Art aufgelistet, wobei »naiv« hier »sensorisch-sensitiv-pragmatische Setzung« meint und demnach nicht »negativ«, sondern als etwas Vorläufiges zu verstehen ist. Diese Auflistung folgt weitgehend den didaktischen Kategorien der Wissensvermittlung: Person, Unterrichtsatmosphäre, Lerngruppe, zeitliche Verteilung, Lernvoraussetzungen, Lernziele, Lerninhalte, inhaltliche Verteilung, Vorgehen, Medien bzw. Lernmittel.

2.2.2.1 Zur Person (ichbezogenes Lernen)

Jeder lernt anders.
»Wir unterscheiden der Einfachheit halber drei Lerntypen:
1. Lerntyp Lesen, 2. Lerntyp Hören, 3. Lerntyp Sehen.« (*Ballerstaller*/et al. 1979, 55)
Um »den wirkungsvollsten Lernweg benutzen« zu können, muß der Schüler zuerst herausfinden, zu welchem Lerntyp er gehört. Er kann dann während des Unterrichts

darauf achten, daß das Lernen so organisiert wird, daß es u. a. auch seinem Typ entspricht. Der Schüler, der vor allem durch Hören lernt, sollte sich zu Hause den Lernstoff durch Sprechen auf Band hörbar machen. (Häufig genügt schon das konzentrierte, deutliche Lesen.) Der Einsatz des Tonbandes und die Auswahl von Radiosendungen gehören zu den bevorzugten Medien. Der Schüler, der vor allem durch Sehen lernt, muß besonders darauf achten, sein bildliches Vorstellungsvermögen zu schulen, »Begriffe mit originellen Bildern zu verbinden«, »eigene Modelle zu entwickeln«, »Skizzen anfertigen«, »Besichtigungen anregen«.

Zensuren nicht überbewerten.
Dazu folgende Hinweise:
Mit der Prüfungsangst leben! Prüfungsangst nicht verdrängen! Auf Prüfung einstellen! Aufgabenstellung im Auge behalten! Worte und Begriffe klären! Prüfungsaufgaben einteilen! Keine Aufgabensprünge! Entspannungspausen einlegen!

Frage stets, was ist gefragt.
Die vorrangigen Fragen im Hinblick auf eine kooperative Lernorganisation sind: Welches ist momentan der Gegenstand? (Sicherung der Eindeutigkeit); Unter welchen Voraussetzungen ist das, was gerade behandelt wird, überhaupt gültig? (Sicherung der Gültigkeit); Wo lassen sich Schwachstellen vermuten? An welcher Stelle des Unterrichts lassen sich wahrscheinliche Mängel am ehesten besprechen? Ist die gegebene Begründung ausreichend? Ist der Zweck akzeptabel? Ist der Gegenstand wirklich schon ausreichend bestimmt? Ist die Vorgehensweise ökonomisch? Ist der Lösungsweg einleuchtend? Sind die benutzten Informationsquellen ausreichend?

Prüfungen kann man üben.
Auch hierzu einige Hinweise: z. B.
Streßfaktor Spickzettel: Wer sich beobachtet fühlt, verliert Zeit und Ruhe!
Sich häufig (selbst veranlaßt) kontrollieren lassen. Methoden zur Selbstkontrolle entwickeln, um die Angst vor Fremdkontrollen abzubauen.
Fehlerstrichliste anlegen!

2.2.2.2 Zur Unterrichtsatmosphäre (kritisches Lernen)

Nach *Einsiedler/Härle* (1976) bestimmen 10 Merkmale einen kinderfreundlichen Unterricht.
– Der Schüler ist Subjekt des Lernprozesses, d. h. er darf Ziele, Themen und Unterrichtsverfahren mitbestimmen.

- Prozeßlernen spielt eine wichtige Rolle, d. h. der Unterricht ist offen für Einfälle, Phantasie, Divergenz.
- Die Beziehungsebene wird im Unterricht nicht ausgeklammert, sondern thematisiert, d. h. Gewohnheiten, Gefühle, heimliche Erwartungen, Gesprächsstile usw. werden offen besprochen und über Schülerverhalten im Unterricht Abmachungen getroffen.
- Reflexionen über Normen, Ideale, Ideen, Gesetze, Regeln, Verbote, Gebote, Prinzipien, Erwartungen, Empfindungen finden statt, über psychologische, pädagogische, politische Probleme wird also gesprochen.
- Der Unterricht ist gekennzeichnet von symmetrischer Kommunikation und Kooperation. Die Unterrichtsatmosphäre muß durch das gegenseitige Akzeptieren maßgeblich bestimmt sein.
- Das induktive Vorgehen, also das Ausgehen von Erfahrungen ist entscheidend.
- Der Unterricht entwickelt sich aufgrund der Selbsttätigkeit der Schüler.
- Der Unterricht beinhaltet zugleich Information über das Lernen.
- Der Schüler organisiert den Unterricht mit, indem er eigene Informationsquellen benutzt.
- Differenzierung und Individualisierung hinsichtlich der Lernvoraussetzungen, Lernziele, Lerninhalte, Lernmethoden und Lernkontrollen im Sinne eines offenen, unterschiedlich schwierigen Angebots sind zu bevorzugen. (zit. nach *Wiater* 1980, 33 f.)

Diese Merkmale schülerorientierten Unterrichts lassen sich leicht zur Formulierung entsprechender Erfahrungssätze nutzen. (Vgl. *W. Schmid* 1979)

2.2.2.3 Zur Lerngruppe (soziales Lernen)

Zur Prophylaxe von bestimmten Konfliktsituationen im Unterricht und damit als Bedingungen einer symmetrischen Kommunikation gibt *G. E. Becker* (1978, 11 f.) folgende Grundregeln an:

1. ... sich um einen ausgeglichenen emotionalen Zustand bemühen,
2. ... sich sorgfältig vorbereiten,
3. ... lernangemessen unterrichten,
4. ... das Gefühl der Anonymität abbauen,
5. ... entspannte Atmosphäre schaffen,
6. ... auf Gefühle eingehen,
7. ... sich um konsequentes und beispielhaftes Verhalten bemühen,
8. ... sich anderen gegenüber möglichst gerecht verhalten,
9. ... in Konfliktsituationen möglichst angemessen verhalten.

Diese Regeln gelten für jeden Unterrichtsteilnehmer. Sie müssen aber aus unterrichtshistorischen Gründen vor allem erst einmal vom Lehrer berücksichtigt werden. Unter einem »in Konfliktsituationen . . . möglichst angemessenen Verhalten« versteht *Becker:*

- auftretende Unstimmigkeiten und Spannungen im Ansatz erkennen, sie ausräumen, noch bevor es zu einem wirklichen Konflikt kommt,
- sich humorvoll zeigen, ohne dabei ironisch zu werden,
- Konflikte auf ihre Ursachen hin analysieren,
- Konflikte realistisch einschätzen,
- mehrere Möglichkeiten zur Konfliktbewältigung in Betracht ziehen,
- sich für eine Möglichkeit begründet entscheiden.

»Bewußt praktizierte Formen des Verhaltens beim Auftreten eines Konflikts« (Verhaltensindikatoren) sind:

Verlagerung in die Lerngruppe:

. . . den Konflikt zur Diskussion stellen,
. . . die Gruppe nach dem Ereignis befragen,
. . . die Gruppe nach den Ursachen befragen,
. . . die Gruppe nach einem Ausweg suchen lassen.

Zuwendung des Lehrers:

. . . Verständnis zeigen,
. . . Gefühle akzeptieren und verbalisieren,
. . . Äußerungen umschreiben,
. . . ein Hilfsangebot machen,
. . . sich solidarisch erklären.

Engagement des Lehrers:

. . . sich betroffen zeigen,
. . . sich enttäuscht zeigen,
. . . sich verärgert zeigen.

Appelle des Lehrers:

. . . auf eine Norm oder Regel verweisen,
. . . an die Einsicht appellieren,
. . . nach der Allgemeinverbindlichkeit eines Verhaltens fragen,
. . . um eine Erklärung bitten,
. . . für den eigenen Standpunkt um Verständnis bitten.

Verlagerung:

. . . humorvoll reagieren,
. . . mit einer anderen Aktivität antworten,
. . . ignorieren,
. . . Versuch der Konfliktbewältigung aufschieben. (Vgl. *Becker* 1978, 31 f.)

Das soziale Lernen läßt sich nach *Becker* durch folgende 5 Schritte unterstützen:

1. Ereignisse auffassen – beobachten und zuhören,
2. Ereignisse einschätzen,
3. Schein- oder selten auftretender Randkonflikt sollte gewöhnlich ausgeklammert werden,
4. Häufig auftretender Randkonflikt, Zentral- oder Extremkonflikt – der Lehrer steht unter Zeit- und Handlungsdruck und muß deshalb Handlungsalternativen finden,
5. Konfliktfall wie 4., aber es liegt kein Zeit- und Handlungsdruck vor: der Lehrer sollte den Konflikt zunächst einmal für sich sorgfältig analysieren. (Vgl. hierzu *Becker* 1978, 44 ff.)

2.2.2.4 Zur Zeiteinteilung (ökonomisches Lernen)

Die Zieleinteilung wird im Hinblick auf die *Lernorganisation* im Unterricht in der Regel durch die Verhaltenskonstituenten: Wahrnehmung – Denken – Reagieren/ Wiederholen bestimmt, d. h., der Unterricht besteht gewöhnlich aus drei bzw. vier Phasen, nach denen sich die Einteilung der Zeit richtet. Der Zeitaufwand für die einzelnen Phasen wird durch das, was jeweils bearbeitet wird, gesteuert. Der Inhalt bestimmt die Form (hier = Zeit) und nicht umgekehrt! Die Zeiteinteilung der einzelnen Unterrichtsstunde (Mikrostruktur) hängt jedoch auch von der Verteilung der Zeit im Verlauf des Tages ab. Wird der Alltag gedrittelt (⅓ Schlaf, ⅓ Arbeit, ⅓ Freizeit), dann wird deutlich, daß für das Arbeiten außerhalb der Schule ca. zwei Stunden zur Verfügung stehen. Nach diesen Orientierungswerten (ca. 6 Stunden Schule, ca. 2 Stunden Arbeit zu Hause) muß sich die Anlage eines Stundenplans richten; selbstverständlich ist die Freizeit um so mehr über dem Tagesdrittel anzusiedeln, je jünger der Schüler ist (die Arbeitszeit verkürzt sich entsprechend)! Eine weitere Einschränkung erfährt die Stundenplanung durch das sogenannte »Leistungshoch« (ungefähr(!) zwischen 8 und 12 sowie 16 und 18 Uhr). Unter *informationspsychologischem Gesichtspunkt* lassen sich die Phasen von den Lernprozeßkomponenten her begründen, und zwar 1. die Vorbereitungsphase als Phase der Wahrnehmung (Aufmerksamkeit im Hinblick auf das Erfahrungsbeispiel), 2. die Lernphase als Phase des Durchdenkens dessen, was wahrgenommen worden ist (Konzentration im Hinblick auf die vermittelte bzw. erarbeitete Information), 3. die Probephase als Reaktion auf den Gedanken (bewußtes Verhalten = Handlung). Denkt man an die Notwendigkeit einer Wiederholung (4. Phase), dann läßt sich die Organisation des Lernens in vier Abschnitte gliedern. Die Wiederholung (Kontrolle) dient vor allem der Absicherung, ob keine Mißverständnisse bzw. Verständnismängel vorliegen.

Das Lernen im Unterricht sollte so organisiert werden, daß keine Verlagerung des zu Lernenden auf sogenannte Hausaufgaben notwendig wird. Eine solche Verzögerung würde lernstörend statt lernfördernd wirken, da die Lernzeit durch solche Verschiebungen von Lernzeitpunkten »überzogen« wird. Gelernt wird in der Schule! Gelernt wird nicht für die Schule!

2.2.2.5 Zu den Lernvoraussetzungen (vor-sichtiges Lernen)

Um Verhalten ändern zu können, muß das *»Verhaltensmuster«*, das erworben werden soll, klar sein. Das bedeutet das Vorhandensein eines eindeutigen Handlungs-Bildes (Klarheit im Hinblick auf den Handlungsablauf), einer eindeutigen Handlungsdefinition (Klarheit im Hinblick auf das, was erreicht werden soll), einer eindeutigen Handlungskontrolle (Klarheit im Hinblick auf die Sicherheit, ob das, was erreicht werden sollte, auch tatsächlich erreicht worden ist). Außer dieser Klarheit in bezug auf den Lerninhalt bedarf es eines *Interesses* für das, was es zu lernen gilt. Das Lernbuch »Motivieren und Interessieren« widmet sich vor allem den »Problemen der Motivation in der Schule« (*H. Heiland* 1979). Aus diesem Grund kann es an dieser Stelle bei diesem Hinweis bleiben. Stattdessen sollen die Lernvoraussetzungen vor allem ästhetischer und noetischer (sinnlicher und gedanklicher) Art skizziert werden. Die Ausprägung von Gedächtnisinhalten geschieht um so erfolgreicher, je mehr Aktivitäten in bezug darauf entwickelt werden.

Neben der Klarheit des Lerninhaltes und dem Interesse hierfür ist das Wissen um den Nutzeffekt (Wirkungsgrad) des zu Lernenden Bedingung der Möglichkeit für positive Affektion (hohe Aufmerksamkeit), für positive Emotion (hohe Konzentration), für positive Motivation (trennscharfe Bewußtseinsorganisation) im Hinblick auf den Lernvorgang (*D. W. Meichenbaum* 1977; dtsch. *J. Kutscher* 1979). Um die *Klarheit* (K), das *Interesse* (I), den *Nutzeffekt* (N) eines Lerninhalts möglichst schnell plausibel zu machen, muß das, was gelernt werden soll, *direkt* anwendbar sein (D). Die K-I-N-D-Gemäßheit des Lerninhalts ist die Lernvoraussetzung schlechthin.

Zur Sicherung der Lernvoraussetzungen gehört das Ausschalten vorhersehbarer Lernstörungen, die entstehen können durch:

- Ereignisse, die mit dem Lernvorhaben nichts zu tun haben (vermeidbare Ablenkungen),
- Belästigungen durch die Umgebung (z. B. ungeeignete Musik),
- Arbeitsplatz (z. B. keine Ordnung),
- Zeitdruck (z. B. falsche Einteilung),
- Stimmung (z. B. Überreizung),
- Einstellung (z. B. Unlust),
- Arbeitsmaterial (z. B. Papierformat),
- Arbeitsweise (z. B. unaufmerksam bzw. unkonzentriert),
- Arbeitshilfen (z. B. ungeeignete Lexika),
- Kapazität (z. B. Übermüdung).

Im Hinblick auf die Lernbereitschaft lassen sich folgende »Tips« geben: Nie mit Unlustgefühlen beginnen! Inneren Widerstand abbauen! Pausen einplanen! Lernstörungen vorhersehen! (Vor-Sicht).

2.2.2.6 Zu den Lernzielen (systematisches Lernen)

»Eine kognitive Strategie ist eine innerlich organisierte Fähigkeit, die innere Prozesse, die beim Festlegen und Lösen neuer Probleme ablaufen, auswählt und steuert. Mit anderen Worten, es ist eine Fähigkeit, mit der der Lernende sein Denken gestaltet . . .« (*Gagne/Briggs* 1974, zit. n. *Kutscher* 1979, 52).

Die Definition des Lernziels besteht in der Formulierung einer Verhaltensstrategie im Hinblick auf eine Beobachtungsaufgabe, auf einen Gedankengang oder auf ein Handlungsmodell.

Verhaltensstrategien sind z. B. (hier im Hinblick auf ein abstraktes Lernziel) wie folgt zu beschreiben:

Klasse (Zusammenziehung von Einzelheiten),
Geltungsbereich (Zusammenziehung von Bedingungen),
Feld (Zusammenziehung von Ortspunkten),
Funktion (Zusammenziehung von Zeitpunkten),
Begriff (Zusammenziehung von Bildern),
Modell (Zusammenziehung von Erfahrungen),
Grund (Zusammenziehung von Ursachen),
Zweck (Zusammenziehung von Wirkungen),
Erscheinung (Zusammenziehung von Eigenschaften),
Struktur (Zusammenziehung von Verhaltensmerkmalen).

Die Abstraktion selbst läßt sich beschreiben als Verallgemeinerung sinnlich wahrnehmbarer Eigenschaften zur Gewinnung von Definitionen, und zwar a) durch Auffinden unveränderlicher Merkmale (Generalisierung), b) durch Aussonderung interessanter Eigenschaften (Isolierung) c) durch Formulierung von Eigenschaften, die sich in einem Modell darstellen lassen (Idealisierung).

Die Ausrichtung auf rein kognitive Lernziele (z. B. eben durch Herstellung einer Abstraktionsstrategie) wird gegenwärtig noch relativ selten transparent gemacht. Dasselbe gilt für die Ausrichtung auf sowohl rein persönliche als auch rein partnerschaftliche Lernziele. Entweder beinhalten entsprechende Formulierungen »Vermischungen« oder »Setzungen« (Soll-Sätze). In jüngster Zeit zeichnet sich hier jedoch eine entschiedene Veränderung ab (*Tymister* 1978, *Dahms* 1979, *Schulz* 1980).

Am Beispiel einer Konfliktgeschichte verdeutlicht *W. Schulz* (1980), in welcher Weise sich die Lernziele »Kompetenz«, »Autonomie«, »Solidarität« verhaltensstrategisch formulieren lassen, wenn diese Ziele vorweg klar bestimmt worden sind.

»Alle Intentionen, die man unter dem vorausgesetzten leitenden Interesse mit Unterricht verbinden kann, gelten entweder der Qualifizierung, der Kompetenzförderung im Hinblick auf die Aufgabe, sich in der Gesellschaft, wie sie ist, individuell reproduzieren zu können bzw. zur Reproduktion dieser Gesellschaft beizutragen, oder sie dienen der Autonomisierung gegenüber den Funktionalisierungsversuchen der Gesellschaft, oder sie unterstützen die Solidarisierung mit den Individuen und Gruppen. Autoritäre Schulträger können an nichts als an die Erhöhung der Nützlichkeit der Bürger für ihre Reproduktion denken . . .« (*Schulz* 1980, 35)

»Da ist zum Beispiel für die Konfliktgeschichte in Comic-strip-Form . . . in der Zieldimension mit den Eltern der Fünf- bis Achtjährigen festgelegt worden:

Bei jeder Konfliktgeschichte sollen die Kinder die (Sach-)Erfahrung machen, daß es Konflikte gibt, woran man sie erkennt, daß sie von den Beteiligten unterschiedlich erlebt und auf verschiedene Weise beantwortet werden können (Sacherfahrung). Die Kinder sollen diese Erfahrungen sammeln in Lernsituationen, die sie weitgehend selbst bestimmen, in Interaktion mehr mit ihren Altersgenossen als mit dem Lehrer (Sozialerfahrung). Sie sollten sich mit dem Konflikt zusammen mit den Mitschülern so auseinandersetzen, daß sie sich möglichst unabhängig vom Lehrer ein Urteil bilden (Gefühlserfahrung).« (*Schulz* 1980, 163)

Der Zusammenhang zwischen sensorischen, kognitiven, sensitiven, motorischen Lernzielen ergibt sich aus der Organisation des menschlichen Bewußtseins. Aus diesem Grund müssen sie jeweils so definiert werden, daß sie sich wechselseitig erklären.

Bei der Modifikation von Lernzielen im Hinblick auf den konkreten Unterricht (Formulierung der Ableitungen aus allgemeinen Bestimmungen) muß in jedem Fall darauf geachtet werden, daß alle pädagogischen Variablen *(Handlungsdimensionen)* auch tatsächlich positiv (= schülerrelevant) wirksam werden können.

2.2.2.7 *Zu den Lerninhalten (kontrolliertes Lernen)*

Werden Bestimmungen des Lernens mit der Bestimmung des Handelns (= bewußtes Verhalten) verglichen, dann zeigt sich eine bemerkenswerte Diskrepanz. Die Definitionen des Lernens sind nicht kongruent mit der Definition des Handelns. Die Lernbegriffe beinhalten ein mehr oder weniger reaktives Verhalten des Lernenden und kein aktives Verhalten, das ihn in die Lage versetzen würde, das Lernen »selbst« zu übernehmen. Wer das Lernen zu lehren beabsichtigt, muß darauf achten, daß er letztlich nicht nur einfach das tut, was er immer getan hat, nämlich zu versuchen, seinen Unterricht transparent zu machen. Er muß *»praktikable« Lernbegriffe* vermitteln, Begriffe, die zum Inhalt haben, wie ein bestimmtes sensorisches, kognitives, sensitives bewußtes Verhalten sich psychostrukturell organisiert. Hierzu bedarf es geeigneter Modelle, die mehr abbilden als isolierte und – der »strengen« Wissenschaftlichkeit wegen – triviale »Input-Output-Funktionen«.

Es gibt eine Fülle von Lernvorgängen, die zunächst in den ersten Grundschuljahren »aufgebaut« werden müssen.

»Zu den ›lernerischen Aktivitäten‹ (*Fürntratt* 1976, 15), bei denen das Kind besonders im Schulalter durch Bestätigungen, Bekräftigungen und Ermutigungen seitens des Erwachsenen angeleitet werden muß, die Erfolge zu erkennen und im Sinne einer Selbstbestätigung oder Selbstermutigung zu bewerten, gehören im einzelnen:

1. solche, »die dem wahrnehmungslernen förderlich sind«: »aufmerksam, genau und immer wieder hinschauen, etwas . . . nach charakteristischen merkmalen absuchen, etwas betrachtend analysieren, beschreiben, mit ähnlichem vergleichen, etwas in der vorstellung reproduzieren, etwas betasten, lauschen, etwas beschnuppern« (*Fürntratt*, 18 f.);
2. solche, die dem »assoziativen lernen« förderlich sind: »konzentriert zuschauen oder zuhören, . . . vergleichen, mitdenken, aktiv lesen, aktiv fernsehen, fragen, etwas gehörtes oder gelesenes halblaut oder stumm wiederholen (sich einprägen), eine vorstellung festhalten, sich einen sachverhalt vergegenwärtigen, überlegen, nachdenken, nachdenkend sachverhalte untereinander in beziehung bringen, nachfragen, mit anderen sich unterhalten, diskutieren, . . . sich schlüsselbegriffe einprägen, . . . sich eselsbrücken bauen, sachverhalte durchnumerieren, sich notizen machen, etwas abschreiben, schemata anfertigen (*Fürntratt*, 22 f.);
3. solche, die dem »instrumentellen lernen« förderlich sind: »wiederholtes und systematisches ausprobieren von verhaltensmöglichkeiten, spielerisches variieren sowohl der gewählten aufgaben wie der versuchten lösungen und zwangloses repetieren erfolgreicher verhaltensweisen und -lösungen, . . . vorbilder (»modelle«) . . . und . . . (nachahmen), experten . . . befragen und ihre ratschläge und instruktionen probeweise . . . befolgen und nicht zuletzt selbst überlegungen . . . (anstellen), möglichkeiten in gedanken . . . (durchspielen), pläne . . . machen, überhaupt vor der aktion . . . denken und sich . . . informieren, . . . pausen . . . (einlegen, abschalten), sich . . . entspannen, sich abwechslung . . . verschaffen, . . . die ursachen für eventuelle mißerfolge, die schwachen stellen in einer reaktionskette, die immer wieder gemachten fehler . . . (feststellen) und gesondert . . . üben; . . . sich einerseits eine klare vorstellung von dem angestrebten verhaltensziel . . . machen und andererseits regelmäßig die effekte der gemachten versuche . . . studieren und mit diesem ziel . . . vergleichen, . . . sich gegebenenfalls selbst belohnen, z. b. mit der selbsterteilten erlaubnis zu einer erfreulichen betätigung« (*Tymister* 1978, 83 f.).

In dieser Auflistung gehen »einfache« Lernvorgänge in »anspruchsvolle« über. Um diesen Übergang klarmachen zu können, muß man darstellen, was »bewußtes Verhalten« heißt. Dies läßt sich am ehesten am Begriff »Information« verdeutlichen, weil ja jede Information nichts anderes ist als eine Verhaltensinstruktion. Information, d. i. die Auswirkung einer Wahrnehmung auf jemand in einer bestimmten gefühlsmäßigen Situation, zu einem bestimmten Zeitpunkt, während einer bestimmten Tätigkeit, und zwar vollzogen aus einem bestimmten Grund, zu einem bestimmten Zweck, in einem bestimmten Umfang, aufgrund bestimmter Erfahrungen, nach einer bestimmten Strategie. Diesen Zusammenhang als Handlungsbedingung begreifen (Bestimmung eines komplexen Begriffs), das bedeutet bewußtes Verhalten überhaupt erst ermöglichen. (Vgl. hierzu auch *Tymister* 1978, 38 f.)
»Unter Berücksichtigung der oben erläuterten Mehrdimensionalität menschlichen Handelns läßt sich probeweise die folgende Hierarchie des Handelns aufstellen, bei

der die Rolle des menschlichen Bewußtseins als Kriterium für die Hierarchiebildung (vgl. auch *Osche* 1973, 67f.) angesetzt wird: Menschen handeln auf zukünftige Ziele hin,

1. indem sie sozusagen blind versuchen, ihre Ziele zu erreichen; die Auswahl der Mittel und Wege des Handelns ergibt sich scheinbar zufällig (trial and error),
2. indem sie aufgrund gerichteter Beobachtung der sie umgebenden Wirklichkeit einzelne der ihr inhärenten Regularitäten erkennen und berücksichtigen,
3. indem sie nachahmen, was ihnen von anderen vorgemacht wird,
4. indem sie über diese Beobachtungen und Nachahmungen und die daran anschließenden Erfolgserlebnisse unreflektiert erste Orientierungen aufbauen und danach zu handeln versuchen,
5. indem sie unproblematisiert ihre ersten Orientierungen zu Erfahrungen verallgemeinern und im Sinne dieser Erfahrungen erneut handeln (Routinehandeln I),
6. indem sie bewußt reflektierend gegenwärtige Handlungsanforderungen vergleichen mit eigenen Erfahrungen und sich nach den Ergebnissen dieses Vergleichs richten. Auslösender Faktor für diesen Vergleich ist ein unerwartetes Ereignis oder ein (partieller) Mißerfolg,
7. indem sie gegenwärtige Handlungsanforderungen vergleichen mit den Erfahrungen anderer Menschen,
8. indem sie auf der Basis ihrer bisherigen Erfahrungen entwickelte oder von anderen übernommene ›Theorien‹ (gedankliche Entwürfe, Erfahrungs- oder Satzsysteme) bewußt auf ihr Handeln anwenden oder verwerfen,
9. indem sie sich auf einmal getroffene Grundsatzentscheidungen berufen oder sich bis auf Widerruf danach richten (Routinehandeln II).« (*Tymister* 1978, 43f.)

Eine weitere Möglichkeit einer Handlungshierarchie ergäbe sich aus den *Verhaltens-faktoren*, also aus dem, wodurch das jeweilige Verhalten maßgeblich bestimmt wird:

- *naives Verhalten:* Verhalten, das durch äußere Wahrnehmungen bestimmt wird (Bewußtseinsinhalte sind Bilder),
- *imitatives Verhalten:* Verhalten, das durch Nachahmung beobachteter Tätigkeiten bestimmt wird (Bewußtseinsinhalte sind Vor-Bilder),
- *normiertes Verhalten:* Verhalten, das durch Gebote und Verbote bzw. Normen bestimmt wird (Bewußtseinsinhalte sind SOLL-Sätze),
- *ideelles Verhalten:* Verhalten, das durch Ideen und Idole bestimmt wird (Bewußtseinsinhalte sind Leitbilder),
- *regelorientiertes Verhalten:* Verhalten, das von Regeln bestimmt wird, die aus der Erfahrung gewonnen worden sind (Bewußtseinsinhalte sind Erfahrungssätze),
- *kritisches Verhalten:* Verhalten, das durch vergleichsbedingte Beurteilungen (Erfahrungsurteile) bestimmt wird (Bewußtseinsinhalte sind IST-SOLL-Vergleiche),
- *logisches Verhalten:* Verhalten, das durch Begriffe und Gesetze bestimmt wird (Bewußtseinsinhalte sind Definitionen),
- *kreatives Verhalten:* Verhalten, das durch spielerische Auslegung von Definitionen bestimmt wird (Bewußtseinsinhalte sind selbstentworfene Handlungspläne bzw. Prinzipien des Handelns).

Eine andere Möglichkeit, Handlungshierarchien aufzustellen, wäre die *Klassifikation von Lernarten* (vgl. *Klix* 1971).

Aus solchen Versuchen wird deutlich, daß Lernen des Lernens nur bedeuten kann, sich einen *Begriff* von der jeweiligen *Verhaltensverbesserung* zu verschaffen, also Auskunft darüber, was das für ein Prozeß ist, wodurch er ausgelöst wird, wozu er geeignet ist, unter welchen Umständen er verhindert bzw. gestört wird, wie er am einfachsten zu bewältigen ist, mit welchem Instrumentarium er sich kontrollieren läßt, in welchen Abständen eine Wiederholung erfolgen soll, in welchem Verhältnis der Aufwand zum Erfolg steht und welche anderen Lernvorgänge unbedingt vorausgesetzt werden müssen.

Zusammenfassung

Lerntips, sogenannte *Erfahrungssätze* können bei den Lernprozessen Steuerungshilfen sein.

Solche Erfahrungssätze sind Aussagen zur Person, zur Unterrichtsatmosphäre, zur Lerngruppe, zur zeitlichen Verteilung, zu den Lernvoraussetzungen, in den Lernzielen, zu den Lerninhalten, zur inhaltlichen Verteilung, zum Vorgehen, zu den Medien.

Fragen zur Lernkontrolle

– Wie wird der Begriff Arbeits- und Lerntechnik definiert?
– Versuche, wenigstens fünf der bekanntesten Lernformen kurz zu beschreiben.
– Welche 10 Merkmale charakterisieren nach *Einsiedler/Härle* einen kinderfreundlichen Unterricht?

Kommentierte Literaturhinweise:

Foppa, K.: Lernen, Gedächtnis, Verhalten. Ergebnisse und Probleme der Lernpsychologie, Köln, 1972[7].
Klix, F.: Information und Verhalten, Bern, 1971.
Gagné, R. M.: Die Bedingungen des menschlichen Lernens. Beiträge zu einer neuen Didaktik, Hannover, 1973[3].
Hastenteufel, P.: Lernen-Lehren-Leben I/II, Baltmannsweiler, 1978.
Einsiedler, W./Härle, H.: Schülerorientierter Unterricht, Donauwörth, 1976.
Becker, G. E./Dietrich, B./Kaiser, E.: Konfliktbewältigung im Unterricht, Bad Heilbrunn, 1978.
Tymister, H. J.: Didaktik: Sprechen Handeln Lernen, München/Wien/Baltimore, 1978.
Diese Informationsquellen zeichnen sich dadurch aus, daß entweder die angegebenen Lernregeln leicht Beispiele finden lassen oder die angegebenen Beispiele leicht die Lernregeln erkennen lassen.

3. Wege, das Lernen zu lehren
Lernerleichterung durch Arbeitstechniken

3.1 Allgemeine didaktische und methodische Überlegungen

Es gilt in diesem Kapitel der Frage nachzugehen, wie die Arbeitstechniken als »Lerninhalte« in den Unterricht eingeplant werden können oder anders formuliert, die Bedeutung bzw. mangelnde Bedeutung des »Lernen-Lehrens« in der Didaktik und Methodik zu ergründen. Stellen wir zunächst fest:

Lehren soll Lernen beim Schüler in Gang setzen und den Lernprozeß unter Berücksichtigung der Lerngesetze und individuellen Möglichkeiten des Schülers lenken.

Lernen ist ein Prozeß, der auf Erkenntnisgewinn und -erweiterung bzw. auf Verhaltensgewinn und -veränderung angelegt ist.

Lernen in der Schule kann danach als ein vom Lehrer in Gang gesetzter und gelenkter Erkenntnis- bzw. Veränderungsprozeß angesehen werden, allerdings unter den spezifischen Bedingungen des Unterrichts, z. B. dem Bezug zu den offiziellen Lehrplänen, der zeitlichen Fixierung in 45 Minuten-Stunden und dem Lernen in der Jahrgangsklasse, um einige Beispiele zu nennen.

Erste Aufgabe des Unterrichts ist es, Lernen zu lehren bzw. Lernen zu lernen.

Man kann allerdings den Eindruck gewinnen, daß Lehrer diese vorrangige Aufgabe nicht in voller Klarheit sehen. Die Wahl der Methode für die Unterrichtsstunde scheint nicht selten der individuellen Interessenlage, dem augenblicklichen Befinden oder der unreflektierten Praxiserfahrung überlassen zu sein.

Die Kenntnis des *folgerichtigen, gezielten Zusammenwirkens von Techniken geistiger Arbeit und der planmäßigen Folge von Formen des Denkens und Handelns* ist die Grundlage des Lernen Lehrens.

Selbständigkeit für das Lernen kann nicht wie eine Geschichtszahl vermittelt werden. Sie setzt Unterrichtsmethoden voraus, die eine selbständige Erarbeitung und Auseinandersetzung ermöglichen. Die vorherrschende Unterrichtsform ist nach wie vor der Frontalunterricht, der den Lehrer zum alleinigen Informator, zum »Alleinunterhalter« macht. Klassen, die über mehrere Jahre frontal unterrichtet wurden, können über ein beachtliches Wissen verfügen, sind aber unfähig zu selbständiger produktiver Arbeit und erst recht zur kooperativen Arbeitsform des Gruppenunterrichts. Selbsttätigkeit ist keine absolute Größe und auch keine volle Unabhängigkeit. Sie ist ein Prozeß, der von Stufe zu Stufe fortschreitet, alters- und entwicklungsbedingt und auch situationsbedingt ist. Die relative Unabhängigkeit von der Hilfe des Lehrers sollte von Schuljahr zu Schuljahr größer werden, d. h. mit anderen Worten: die direkte Wissensübermittlung muß nach und nach vom Lehrer auf den Schüler selbst übergehen.

Diese Dialektik von Lehren und Lernen muß deutlich gesehen werden. Neben der Beachtung individueller Unterschiede für selbständiges Arbeiten bleibt die *Systematik* der Lehrerhilfe entscheidend, d. h. der Lehrer muß in einer Mehrjahresplanung Hilfen für das Erlernen von Arbeitstechniken thematisieren.

Damit werden diese Techniken nicht mehr dem Zufall überlassen und auch in Planung der Einzelstunde berücksichtigt werden können.

Im folgenden sollen Arbeitstechniken bzw. Arbeitsmethoden wegen ihrer herausgehobenen Bedeutung für das Lernen – Lehren, wie in den vorangegangenen Kapiteln dargestellt, breiter und differenzierter beschrieben werden. Das Ordnungsprinzip und die Reihenfolge wird durch die Bedeutung der einzelnen Techniken bestimmt, die sie bei bestimmten »Stufen« des Lernens bzw. der Informationsverarbeitung einnehmen.

3.2 Techniken der Informationsbeschaffung

3.2.1 Aktives Zuhören

Zuhörenkönnen ist ein Teil der Wahrnehmungsfähigkeit. Aktives Zuhören könnte als gezielte, zielgerichtete, bewußte und nicht dem Zufall überlassene Form der akustischen Wahrnehmung bezeichnet werden (*Hasemann* 1964; *Dorsch* 1970; *Drever/Fröhlich* 1968; *Graumann* 1973).

»Die absichtliche, aufmerksam-selektive Art des Wahrnehmens, die ganz bestimmte Aspekte auf Kosten der Bestimmtheit von anderen beachtet, nennen wir Beobachtung«, »aktives Zuhören«.

Das Zuhören in der Schule, wenn es aktives Zuhören sein soll, muß sich vom passiven Zuhören einer Unterhaltung unterscheiden. Beide Formen verfolgen in der Regel andere Ziele. Aktives Zuhören verfolgt den Zweck, das Gehörte zu behalten. Passives Zuhören dient der Unterhaltung und Entspannung; man will in der Regel Plaudereien nicht im Gedächtnis speichern und behalten.

Aktives Zuhören muß genau wie vieles andere *gelernt werden.* Die Klagen der Lehrer in allen Schularten über die Ineffektivität vieler Unterrichtsstunden lassen sich oft auf die fehlende Fähigkeit und Bereitschaft des aktiven Zuhörens der Schüler zurückführen. Die ersten gezielten Übungen sollten bereits im Vorschulalter durchgeführt werden, da sich in diesem Zeitraum diese Grundfähigkeit besonders leicht »verbessern« läßt (*Kochansky* 1977).

Welche Übungen aber sind durchgängig anzusetzen? Wie verhalten sich Lehrer und Schüler, die aktives Zuhören fördern bzw. praktizieren wollen?

Unterrichtsstunden mit einem systematischen Aufbau erleichtern das aktive Zuhören. Beim Frontalunterricht muß das Anspruchsniveau der überwiegenden Zahl der Schüler entsprechen. Die Phasen des Unterrichts müssen folgerichtig aufeinander aufbauen. Die Stunde muß so strukturiert sein, daß die Schüler immer wieder zur Beteiligung aufgefordert werden. Durch Denkanstöße (Impulse) und Fragen muß dem Schüler Gelegenheit gegeben werden, das Gehörte mit bereits Bekanntem zu verknüpfen und die neuen Ergebnisse zu sichern.

Für den Schüler gilt vom ersten Schuljahr an,

– daß Fragen gestellt werden,
– daß um Wiederholung gebeten wird,
– daß konkrete Beispiele gewünscht werden,
– daß sie sich wiederholt überprüfen, wie lange sie aktiv zuhören können.

Ältere Schüler können mit Hilfe des »kontrollierten Dialoges« aktives Zuhören trainieren. *Beispiel:* Es werden Gruppen zu drei Personen gebildet. A spricht zu B, was er zu tun gedenkt, um seine Fähigkeit zum Zuhören zu verbessern. B wiederholt die Aussagen des A mit eigenen Worten. C kontrolliert beide bei ihren Aufgaben, er hat die Aufgabe der Metakommunikation.

Merke:

– Aktives Zuhören ist gezielte, bewußte akustische Wahrnehmung.
– Aktives Zuhören verfolgt den Zweck, das Gehörte zu behalten.
– Es muß im Unterricht systematisch geübt werden (Stunde gut strukturieren – Helfen durch Fragen und Impulse – Schüler zum Fragen befähigen.).

3.2.2 Mitschreiben

Richtiges, gut überlegtes Mitschreiben ist für das Lernen in der Schule eine bedeutsame Hilfe. Ohne auf bestimmte Phasen des Unterrichts, die zum Mitschreiben herausfordern, einzugehen, kann grundsätzlich zu den *Vorteilen des Mitschreibens* festgestellt werden:

- durch das Mitschreiben wird die Aufmerksamkeit und die Konzentration erhöht,
- das Gedächtnis wird entlastet, da man nicht alles behalten und merken muß,
- durch den Versuch, beim Mitschreiben das Gehörte gleichzeitig zu strukturieren, wird das Lernen erleichtert,
- beim Mitschreiben lernt man, Wesentliches von Unwesentlichem zu unterscheiden.

Aber *wie* soll mitgeschrieben werden?

Folgende *Grundregeln* sind zu beachten:
- Nur das Wichtigste mitschreiben!
- Erkennen der Struktur!
- Achtgeben auf die Zielangabe des Lehrers zu Beginn der Unterrichtsstunde!
- Das Mitgeschriebene übersichtlich anordnen, damit man jederzeit alles überblikken kann!

Mitschreiben ist eine Technik, die durch Übung zur Fertigkeit werden kann. Mit der Zeit müssen Schüler in der Lage sein, den eigenen Fortschritt beim Mitschreiben zu kontrollieren:

Der Lehrer sollte diesen Prozeß unterstützen, indem er
- seine Unterrichtsstunden gut strukturiert,
- die Lernziele klar und unmißverständlich zu Beginn der Stunde bekanntgibt,
- den Schülern in regelmäßigen Abständen (wenigstens einmal in jedem Jahr) die Regeln wieder ins Gedächtnis ruft und
- gelegentlich durch Mitschreibenlassen an der Wandtafel Kontrollmöglichkeiten gibt.

Im einzelnen sind folgende Merksätze zu beachten:
- Schreibe nie ganze Sätze mit; wähle Einzelwörter, Kurzsätze, schlagwortartige Ausdrücke!
- Wichtige Aussagen werden durch Unterstreichung herausgehoben.
- Wörter, die später beim Lesen ohne Schwierigkeiten rekonstruiert werden können, bleiben selbstverständlich weg.
- Ein Vergleich mit dem Mitgeschriebenen des Nachbarn ist eine wichtige Kontrolle.
- Wähle Abkürzungen, wie z. B. Mathe., Reli., Ltg., Gym.

Die ersten Übungen zum Mitschreiben können bereits in der Grundschule (3./4. Schuljahr) angesetzt werden. Die Regel ist aber, mit dem 5. Schuljahr systematisch und intensiv diese Technik zu üben. Im 9. Schuljahr sollte der Lernprozeß abgeschlossen sein.

Die Effektivität des Mitschreibens hängt im wesentlichen davon ab, ob der Schüler im Unterricht das Strukturieren von Informationen erfährt. Diese Möglichkeit wird bereits durch den Umgang mit Tafel und Kreide verwirklicht.

Es entsprechen sich:
- Einteilung der Tafelfläche und Einteilung der Heftseite,
- Übersichtlichkeit des Tafelbildes und der Abbildung im Heft,
- Hervorhebungen bzw. Unterstreichungen an der Tafel und im Heft.

Eine sinnvolle und gute Handhabung der Tafel kann den Schüler sogar veranlassen, aus eigenem Wunsch die Lehrernotizen in sein Notizheft zu übernehmen.

Das Mitschreiben ist eine notwendige Unterbrechung des aktiven Zuhörens, weil durch solchen Wechsel die »*Verarbeitungskapazität*« weniger schnell erschöpft ist. Mitschreiben darf nicht zur »handwerklichen« Spitzenleistung werden. Das, was mitgeschrieben wird, steht in einem Zusammenhang mit dem, womit es aufgeschrieben wird. Sachverhalte, die noch nicht als gesichert gelten, sollten mit Bleistift notiert werden, weil das Notierte mit Hilfe des Radiergummis leicht modifiziert werden kann. Sachverhalte, die sehr differenziert sind, sollten nicht mit einem Filzstift geschrieben werden, der nur Schriftzüge in mm-Stärke ermöglicht. Diese Beispiele zeigen, daß im Unterricht wiederholt Sorge dafür getragen werden sollte, daß der Schüler über gutes Arbeitsgerät (hier: Schreibgerät) verfügen kann und in der Lage ist, dieses auch optimal einzusetzen.

Der »logische« Einsatz von Farbe wird im Unterricht gewöhnlich vernachlässigt. Die Eintönigkeit des Tafelbildes, das Grau-in-Grau der Form erweckt eine negative Erwartung in bezug auf den Inhalt. Was farblich unterstützt wird, wird leichter eingeprägt. Das gilt insbesondere für das Schriftbild im Heft. Die Zeit, die hierfür verloren geht, wird durch die Tatsache, daß weniger wiederholt werden muß, eingeholt.

Merke:
- Mitschreiben erhöht die Aufmerksamkeit und ist ein Mittel, strukturieren zu lernen und zu üben, Wesentliches von Unwesentlichem zu unterscheiden.
- Die ersten Übungen beginnen bereits in der Grundschule.

3.2.3 Protokollieren

Wenn es darauf ankommt, den *inneren Zusammenhang* besprochener oder vorgetragener Einzelheiten wiederzugeben, wird ein Protokoll geschrieben.

Protokolle haben eine große Bedeutung: sie können dokumentarischen Charakter haben, sie können für Verhandlungen und Abstimmungen Beweiskraft besitzen. Deshalb sollte das Protokollschreiben bereits in der Schule geübt werden.

Für den Protokollschreiber leistet das Protokoll die Sicherung des Gelernten.

Für die Schule sind die sogenannten *Verlaufsprotokolle* deshalb wichtiger als *Ergeb-*

34

nis- und *Beschlußprotokolle;* denn die Verlaufsprotokolle sichern besser Gelerntes und Erarbeitetes.

Was ist beim Verlaufsprotokoll zu beachten?

Formalien: Angaben zu Beginn und am Ende der Unterrichtsstunde.

Zum Inhalt: (Unterrichtsprotokoll):
Thema – Verlauf des Gesprächs
bzw. der Darbietung –
Zusammenfassung;
Nennen der Medien,
Texte, Arbeitsblätter –
graphische Darstellungen.

Zur Form: Die Darstellungsform hat Ähnlichkeit mit einer Inhaltsangabe. Es kommt auf eine zusammenhängende Darstellung an. Wenn Mißverständnisse ausgeschlossen sind, können Stichwörter genügen.

Wann können Schüler Protokolle schreiben?

Vom 5./6. Schuljahr an dürften Schüler dazu in der Lage sein. Sie sind es mit Sicherheit, wenn im Sinne der Anregungen dieses Buches der Umgang mit Techniken schon von der Grundschule an gepflegt wird. Zur Erleichterung der Übungen kann ein *Formblatt* dienen.

Beispiel:

Fach:

Tag: Stunde von   bis

Protokollant:

Thema der Stunde:

Phase 1   (Einführung)

Phase 2   (Erarbeitung)

Phase 3   (Vertiefung)

Phase 4   (Wiederholung, Zusammenfassung)

Für jede Phase sollte wenigstens ½ Seite (Phase 1, 4) bzw. 1 Seite zur Verfügung stehen (Phase 2, 3).

Beispiel einer Unterrichtsplanung,
die Stundenprotokollierung einbezieht:
Unterrichtsstunde im 6. Schuljahr

Unterrichtsvorbereitung
Klasse: 6. Schuljahr
Stundenthema: eine Vorgangsbeschreibung
Unterrichtsziel: Anfertigung einer Vorgangsbeschreibung – Förderung der Beobachtungsfähigkeit und des sprachlichen Ausdrucksvermögens

I. Sachanalyse

Es handelt sich bei dem Unterrichtsgegenstand um eine Vorgangsbeschreibung. Eine Beschreibung von Handlungsabläufen steht sowohl dem Aufsatztyp der Erzählung als auch dem Typ des Berichtes nahe. Erika Essen nennt die Vorgangsbeschreibung deshalb »erklärendes und anweisendes Darstellen«.

Zum Wesen dieser Darstellungsform gehören aufgrund ihrer Intention die richtige Aufeinanderfolge der einzelnen Handlungsschritte, die eindeutige Sach- und Vorgangsbezeichnung und die knappe, sich auf das Wichtigste beschränkende Wiedergabe des Vorganges.

II. Didaktische Analyse
Kulturelle Ortsbestimmung:

Die Muttersprache gibt dem Menschen die Möglichkeit, die gegenständliche und abstrakte Welt zu begreifen, den anderen zu verstehen und sein eigenes Denken und Fühlen mitzuteilen. Von hier erwachsen dem muttersprachlichen Unterricht die Aufgaben, die Formen sprachlicher Darstellung zu üben, ihre Gesetzmäßigkeiten zu erkennen und die charakteristischen Merkmale bewußt zu machen. Dabei gehören mündliches und schriftliches Darstellen untrennbar zusammen. Überall, wo in der Schule eine Sprache, ein Ereignis, ein Vorgang oder ein Gedankengang zur geistigen Auseinandersetzung und zur Stellungnahme drängt, bietet sich die Möglichkeit an, diese mit der Sprache zu bewältigen.

Schreiben wir das Bewältigte nieder, dann haben wir den sprachgestaltenden Ansatz, wie Seidemann ihn fordert.

Psychologische Ortsbestimmung:

Genaue Vorgangsberichte und einfache Protokolle kann man erst vom 6. Schuljahr an erwarten, weil erst dann die Fähigkeit zu konzentriertem, bewußt gerichtetem und auswählendem Beobachten genügend entwickelt ist. Die Fähigkeiten des verständnisvollen Betrachtens, der Übersicht, der Einsicht in Funktionszusammenhänge und des Unterscheidens von Wesentlichem und Unwesentlichem nehmen gerade in der Vorpubertät auffallend zu.

Pädagogische Ortsbestimmung:

Während bei einer Erlebniserzählung das Erlebte aus der Erinnerung wiedergegeben wird, beruht die Vorgangsbeschreibung auf Beobachtungen. Die Anregung zum genauen Schauen und zur anschließenden exakten sprachlichen Formulierung kann deshalb die Denkfähigkeit und das sprachliche Ausdrucksvermögen der Schüler fördern und somit von spracherzieherischem Wert sein.

III. Methodische Analyse
Motivation

Durch die Aufgabe, an der mitgebrachten Jacke eine »Unordentlichkeit« festzustellen, und durch das anschließende Lob für das schnelle Erkennen der Unordentlichkeit versuche ich die Schüler zur Mitarbeit zu motivieren.

Die Aufforderung zum genauen Beobachten und das Erfolgsgefühl nach den einzelnen Teilschritten sollen während der ganzen Stunde als Motivation aufrechterhalten bleiben. Da außerdem erfahrungsgemäß eine Handlung mehr als etwas Ruhendes zur Beschreibung reizt, dient möglicherweise schon die Aufgabe selbst als Arbeitsstimulus.

Aktionsformen

Durch den Wechsel der Arbeitsformen (Demonstration, Alleinarbeit, Schülergespräch, gemeinsames Erarbeiten) versuche ich den Schüler vielseitig zu fordern und zu beanspruchen. Diese Aktionsformen bieten sowohl für die Einzelaktivität als auch für eine Interaktion und für soziale Kontakte Möglichkeiten.

Erfolgskontrolle
Eine Erfolgskontrolle ist einmal durch das klärende Gespräch und durch den gemeinsam erarbeiteten Aufsatz, der als Endergebnis an der Wandtafel stehen soll, gegeben.

IV. *Organisatorische Analyse und Verlaufsskizze*

Zeit	Phase	Inhalt	Medium Kommentar
2 Min.	Begrüßung Einführung Motivation	Bereitschaft zur Mitarbeit	
~ 10 Min.	Demonstration (ich nähe einen Knopf an)	genaues Beobachten	ich versammle die Schüler vor dem Pult und stelle mich auf den Stuhl, damit alle gut sehen können
	kurzes Gespräch	kritische und wohlmeinende Äußerungen der Schüler zum Nähvorgang	gleichzeitig soll der kurze Wortaustausch zum nächsten Stundenteil überleiten
~ 15 Min.	Alleinarbeit – die Schüler schreiben den Vorgang nieder	selbsttätige Sprachgestaltung, Eigenkontrolle	Arbeitsanweisung: Ich-Form / Überschrift steht an der Tafel / *nur das Wichtigste schreiben* / wer fertig ist, überprüft den Aufsatz mehrere Male – Während der Alleinarbeit gibt der Lehrer durch Lob u. Anerkennung der Einzelleistung eine weitere Lernmotivation
15 Min.	Kontrolle	die Schüler lesen die Aufsätze vor – der Lehrer demonstriert noch einmal den Nähvorgang	Tafeltext zum Vergleich (= Test des Lehrers)
3 Min.		Am Schluß Anerkennung / Zusammenfassung der Grundsätze / Verlesen des Schülerprotokolls	

Mögliche Protokollform
Fach: Deutsch
Tag: 15. 1. 80   Stunde von 9^{35}–10^{10}
Protokollant: N. N.
Thema der Stunde: eine Vorgangsbeschreibung

Phase 1: 9^{35}–^{37}	Lehrer H. gibt das Stundenthema bekannt. Er sagt: »Paßt gut auf! Achtet auf jede kleine Handlung!«
Phase 2: 9^{37}–^{50}	Er holt aus einem Nähetui eine Schere, eine Rolle schwarzes Nähgarn, eine Nähnadel, schneidet einen Faden ab, fädelt ihn durch das Nadelöhr und knotet die beiden Fadenenden zusammen. Er näht zwei Stiche durch den Stoff, sticht die Nadel durch ein Loch des Knopfes und wiederholt diesen Vorgang mehrere Male durch alle vier Löcher. Dann vernäht er den Faden auf der Unterseite des Stoffes und schneidet ihn ab. Peter und Annegret äußern sich kritisch: zu umständlich.
Phase 3: 9^{50}–10^{01}	Die Klasse schreibt in Still- und Alleinarbeit das Beobachtete ins Heft.
Phase 4: 10^{01}–^{06}	Karin und Peter lesen ihre Aufsätze vor. Herr H. macht das, was sie vorlesen: zu ungenau!
Phase 5: 10^{06}–^{10}	Herr H. faßt die Grundsätze zusammen und schreibt sie an die Tafel. Eindeutige Bezeichnungen – treffende Wörter – nur Wesentliches – knappe, kurze Darstellung.

Merke:
– Protokolle, besonders Verlaufsprotokolle, sichern Gelerntes und Erarbeitetes.
– Es kommt in erster Linie auf eine zusammenhängende Darstellung an.

3.2.4 Notieren

Im Gegensatz zum Protokollieren, bei dem es auf eine möglichst vollständige und zusammenhängende Darstellung ankommt, sollen Notizen *eine kurze Erinnerungshilfe* sein. Die Kürze muß allerdings eine vollständige Wiedergabe bei der Aufarbeitung ermöglichen. Das bedeutet, daß jede Notiz
– *verständlich,*
– *übersichtlich* und
– möglichst *stichwortartig* ist.
Es ist üblich,
– Gesprächsnotizen (Telefon, Abmachungen),
– Tagebuchnotizen,
– Einkaufsnotizen zu machen. Auch Rezepte (Back- und Kochrezepte) sind oft in Notizform.

Wie kann nun Notieren in der Schule geübt und sinnvoll eingeplant werden?
Der Lehrer gibt Arbeitsanweisungen für die Hausaufgaben und läßt Notizen machen (anschließend gleich Kontrolle der Notizen nach den Kriterien vollständig, verständlich, übersichtlich).
Der Lehrer (der Schüler) berichtet von einem Erlebnis, von einem Ausflug. Die Schüler notieren.
Schüler üben das Telefonieren. Der Empfänger des Telefongespräches fertigt Notizen an. Beide vergleichen und überprüfen, ob die Nachricht verständlich und vollständig angekommen ist.
Im Rahmen der Sprecherziehung und des Übens freier mündlicher Rede gibt der Lehrer den Schülern die Notiz über eine Diskussion in der Klasse zum Thema Ausflug.
Die Schüler sollen versuchen, mit Hilfe der Notizen den Zusammenhang sprachlich wieder herzustellen und ihn vorzutragen.
Eine Hilfe für das Erlernen der Notierfähigkeit sind Vordrucke, fertige Notizzettel bzw. Meldeblöcke. So gibt es Notizvordrucke für Hausaufgaben, Telefonate, Besprechungen.
Beispiele:

Hausaufgabenzettel

Schulfach	zu Montag, den	Bemerkungen

Telefonzettel

Anruf von .... wann:..........................
Nachricht:

Rückruf erbeten: ruft wieder an:

Merke:

– Notizen müssen übersichtlich angeordnet und verständlich sein.
– Jeder Schultag bietet Gelegenheit für Notizen (Hausaufgaben werden notiert).

3.2.5 Optisch strukturieren

Die visuelle Wahrnehmung ist beinahe an jedem Lernprozeß beteiligt. Mit Hilfe der Leistungsfähigkeit der visuellen Wahrnehmung lernen die Kinder z. B. Lesen, Schreiben, Rechtschreiben, Rechnen. Am stärksten entwickelt sich diese Fähigkeit im Alter von 3–7 Jahren und spielt dann für alles Lernen eine große Rolle. Kinder, die nicht richtig wahrnehmen können, können nur in beschränktem Ausmaß Informationen aufnehmen und haben oft auch eine gestörte emotionale Stabilität. Wahrnehmungsfähigkeit ist also Voraussetzung für Lernen. *Optisches und strukturelles Aufbereiten* von Lernstoffen verhilft zum schnelleren und besseren Lernen. *Je nach Art und Ziel der Informationen* können *verschiedene Möglichkeiten* Anwendung finden. Zum Beispiel

– *Symbolisch-bildliche Formen*, wie Skizzen, Karten etc.
– *Graphisch-schematische Formen*, wie Tabellen, Diagramme, Strukturbäume.
– Gedankliche Vorgänge können durch *Flußdiagramme* optisch strukturiert werden.

Beispiel:

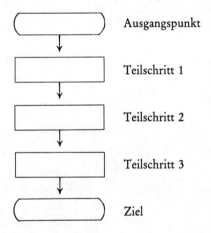

40

Wichtig ist, daß man dem Hauptablauf folgt und sich nicht verzettelt.
Die Symbole haben ihre Bedeutung:

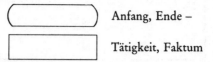

Anfang, Ende –

Tätigkeit, Faktum

wenn Entscheidungen getroffen werden,
kommt das nebenstehende Symbol dazu.   ja ⟨▭⟩ nein Entscheidung

Es kommt nicht auf die Schönheit der Darstellung an, sondern auf die *Übersichtlichkeit*. Deshalb sollten weniger »übliche« Grafiken gelernt, eher selbsterfundene, improvisierte zur Veranschaulichung angewendet werden.
Eine Fülle von Beispielen grafischer und tabellarischer Darstellungsmöglichkeiten werden von *Memmert* in seinem Buch »Didaktik in Grafiken und Tabellen« (1977) aufgeführt.
Einige seien hier *beispielhaft* erwähnt.
a) »Aus einzelnen konkreten Exempla (z. B. Bohne, Wicke, Linse, Robinie) wird auf Grund eines gemeinsamen Merkmales (›besitzen ein einziges gefaltetes Fruchtblatt‹) der Allgemeinbegriff ›Hülsenfrüchte‹ gebildet und auf einen neuen, unbekannten Fall angewendet.« (*Memmert* 1977, 20)

Wissenschaftliche Induktion:

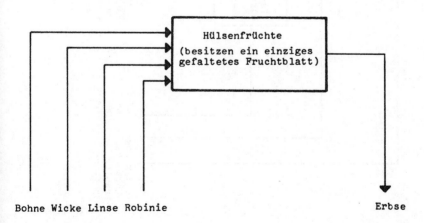

b) »Stufen des Allgemeinen (nach *Glogauer*)« (*Memmert* 1977, 22)

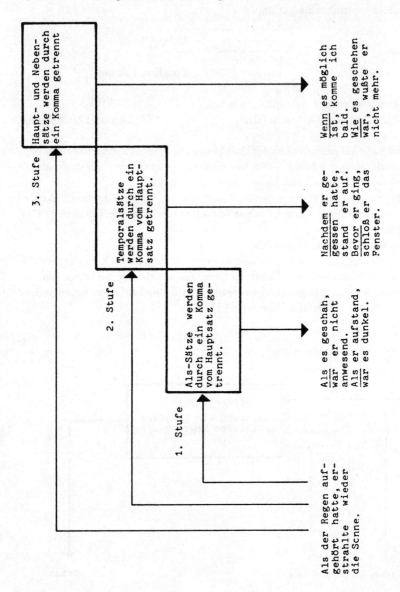

c) »Lernzielebenen« (*Memmert* 1977, 52)

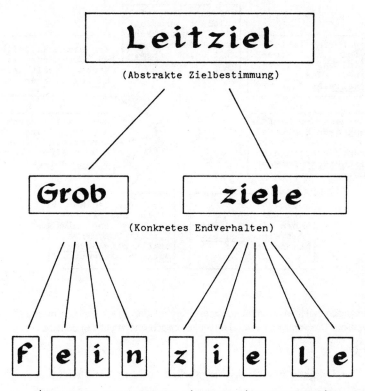

Leitziel

(Abstrakte Zielbestimmung)

Grob   **ziele**

(Konkretes Endverhalten)

f e i n z i e l e

(Konkretes Endverhalten mit Beurteilungsmaßstab)

d) »Die Forschungsmethode bestimmt den Forschungsgegenstand« (*Memmert* 1977, 68)

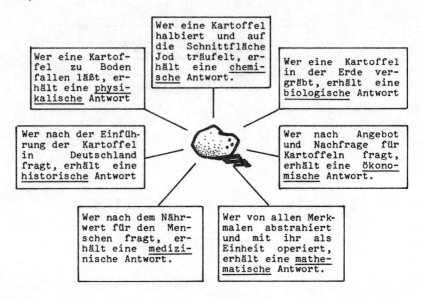

Wer eine Kartoffel halbiert und auf die Schnittfläche Jod träufelt, erhält eine chemische Antwort.

Wer eine Kartoffel zu Boden fallen läßt, erhält eine physikalische Antwort

Wer eine Kartoffel in der Erde vergräbt, erhält eine biologische Antwort

Wer nach der Einführung der Kartoffel in Deutschland fragt, erhält eine historische Antwort

Wer nach Angebot und Nachfrage für Kartoffeln fragt, erhält eine ökonomische Antwort.

Wer nach dem Nährwert für den Menschen fragt, erhält eine medizinische Antwort.

Wer von allen Merkmalen abstrahiert und mit ihr als Einheit operiert, erhält eine mathematische Antwort.

Merke:

– Symbolisch-bildliche Formen (Skizzen, Karten) und graphisch-schematische Formen (Tabellen, Diagramme) helfen, Lernstoffe optisch und strukturell aufzuarbeiten.

3.2.6 Der Umgang mit Nachschlagwerken und Inhaltsverzeichnissen

Geistige Arbeit ist ohne Nachschlagewerke und Bücher undenkbar; denn wenn es um das schnelle Schließen von Wissenslücken geht, müssen wir zu einem Nachschlagewerk greifen können, und wenn es um die gründlichere Bearbeitung eines Lernstoffes geht, benötigen wir Bücher.

Die bekanntesten Nachschlagewerke, die auch in der Schule Verwendung finden oder zum Lernen herangezogen werden können, sind

● Lexika
● Wörterbücher
● Fahrpläne, Stadtpläne
● Telefonbücher.

In jeder Schulklasse sollten die wichtigsten Lexika und Wörterbücher in einem Regal zur Verfügung stehen. Die Kenntnis des Alphabets und ein regelmäßiges Training in der Benutzung von Nachschlagewerken sind wichtige Voraussetzungen für das Erlernen des schnellen, erfolgreichen Nachschlagens.

Den Gebrauch der *Wörterbücher* erlernt man am besten, indem man sie benutzt
– beim Schreiben eines Übungsdiktates,
– bei der freien schriftlichen Gestaltung,
– beim Aufsatzschreiben.

Schon im 3. Schuljahr sollte die Benutzung selbstverständlich werden. Kleine *Partnerübungen:* einer nennt ein Wort, der Partner schlägt nach.

Beim Aufsatz werden die unsicheren Wörter gekennzeichnet und vor der Reinschrift im Wörterbuch nachgeschlagen.

Zur Einübung des Telefonbuchlesens nennt der Nachbar den Namen eines Wortes, des Pfarrers, des Onkels oder des Nachbarn.

Das Lesen von *Fahrplänen* kann in Verbindung mit Klassenfahrten, Exkursion oder Ferienreisen geübt werden. Hier kommt es darauf an, die Scheu vor der Vielzahl der kleinen Zeitangaben zu verlieren.

Jedesmal, wenn ein neues Lernbuch eingeführt wird, kann der Lehrer mit dem *Inhaltsverzeichnis* arbeiten. Übungen wie die folgenden sind in der 3. und 4. Grundschulklasse möglich und nach den Erfahrungen auch lustbetont:
- Wenn ihr das Inhaltsverzeichnis durchlest, könnt ihr schon einiges über die Geschichte im Buch sagen. Was erwartet ihr unter den Überschriften?
- Wir wollen einmal einige Geschichten aufschlagen. Sage mir, wie du das machst!
- Jetzt nenne ich eine Überschrift, und ihr sagt mir mit Hilfe des Inhaltsverzeichnisses, auf welcher Seite sie beginnt!

In den Klassen der Sekundarstufe sollte man den Schülern gelegentlich die Aufgabe stellen, vom Inhaltsverzeichnis her Aussagen über den Buchinhalt machen zu können. An dieser Stelle ist dann auch die Überlegung angebracht, wann ein Inhaltsverzeichnis den Inhalt gut wiedergibt und wann nicht, außerdem welche Forderungen sprachlicher Art z. B. berücksichtigt werden müssen.

3.2.7 Die Technik des Fragens

Daß die Frage sehr eng mit Denkvorgängen zusammenhängt, wird aus denkpsychologischen Überlegungen deutlich. Der Gegenstand, Sachverhalt, die Situation wird selbst zur Frage, wenn der Denkende sein Wissen zu seinem Wissenwollen und Wissensollen in Relation zu setzen vermag. Das Ergebnis dieser aktiv hergestellten

Differenz zwischen dem tatsächlichen und dem angestrebten Wissen ist die Frage. Diese Feststellung läßt einige Folgerungen zu. *Wo kein Wissen* oder nur ein sehr geringfügiges Wissen über einen Sachverhalt vorliegt, *fehlt für das Fragenkönnen die Grundlage.* Fragen unter diesen Voraussetzungen sind vage, ungenau und allgemein. Wer nichts zu einem Thema oder über einen Gegenstand weiß, hat keine Fragen. Fehlt auf der anderen Seite der Wunsch nach Wissen, dann fehlt die Differenz zwischen dem wünschenswerten und dem tatsächlichen Wissen und damit auch die Frage. Ohne diese *Spannung* wird keine Zielintention aktiviert, die über den aktuellen Wissensbestand hinausweist. Wer nichts wissen will, fragt nicht. Wer nicht fragt, kommt nicht zu Wissen.

Konsequenzen für die Pädagogik: Wenn die Frage eine Schlüsselposition im Denkvollzug einnimmt, dann ist die *Fragehaltung* ein pädagogisches Ziel. So dient Wissen der Ermöglichung von Fragen und im Anschluß an Fragen der Lösung von Problemen. Dann aber muß Wissen auch auf das bleibende Nichtwissen hin erworben werden, d. h. es muß »fraglich« bleiben. Schließlich muß sehr früh schon klar sein, wie man fragt, was »fragetechnisch« zu bewältigen ist.

Ganz entscheidend ist, daß die Kleinen vom 1. Schuljahr an ihre Fragehaltung behalten. *Fragespiele, Ratespiele* und häufiges Loben für Fragen helfen dieses zu erreichen.

Das Ansprechen von Menschen außerhalb der Schule erfordert Mut und Selbstsicherheit. Schon im vorschulischen Alter sollten Kinder aus diesen Gründen lernen, auch unbekannte Menschen auf der Straße zu fragen. In der Grundschulzeit kann das Einholen von Auskünften sinnvoll in den Unterricht eingebaut werden. Schüler helfen, einen Gang in eine Bäckerei vorzubereiten. Sie fragen den Bäcker, wann die Klasse kommen kann. Sie fragen im Rathaus, welche Aufgaben das Ordnungsamt erledigt oder welche Tätigkeiten ein Bürgermeister zu verrichten hat.

In der Sekundarstufe müssen *Interviewstrategien* gelernt und erprobt werden.

- In der Klasse wird festgelegt, was erfragt werden soll.
- Die Fragen werden notiert.
- Die Schüler führen zu zweit das Interview durch.
- Die Ergebnisse des Interviews werden ausgewertet.

Interviews können auf dem Marktplatz, in der Hauptstraße oder in Betrieben durchgeführt werden. Das Tonbandgerät dient als wertvoller Helfer.

3.2.8 Der Umgang mit Sachtexten und Büchern

Wir lesen aus verschiedenen Gründen: um uns an dem Inhalt und an der Sprache zu erfreuen, um uns zu entspannen und zu erholen, um uns zu informieren oder um zu studieren bzw. zu lernen. Diesen unterschiedlichen Zielen entsprechen unterschiedliche Lesevorgänge. Für das Lesen von Romanen, Werbetexten oder anderer Unterhaltungsliteratur sind keine besonderen Lesetechniken erforderlich. Hier liegt nur der Wunsch vor, sich zu unterhalten. Anders ist es beim Informieren und Studieren. Die *Information* kann mehr oder weniger gezielt und mehr oder weniger gründlich gesucht werden. Wenn es ein Suchen nach dem Motto »Was gibt es Neues« ist, kann man das Lesen als

orientierendes Lesen bezeichnen.

Wenn etwas Bestimmtes gesucht wird, ist es ein

Selektierendes Lesen.

Das gründliche, umfassende Lesen eines Textes bzw. Buches kann als

studierendes Lesen bezeichnet werden.

Beim orientierenden Lesen wird der Text nach Textstellen mit einem bestimmten Inhalt vertikal überflogen. Gut gegliederte Texte erleichtern diese schnelle Art der Orientierung.

Das selektierende Lesen ist erforderlich, wenn Regeln, Definitionen, Begriffe gesucht werden. Wir wenden diese Art zu lesen in der Regel bei der Benutzung von Nachschlagewerken und Lexika an.

Das studierende Lesen sollte nach folgenden Regeln geübt werden:
- Überblick verschaffen
- Lesen
- Notizen machen
- Exzerpte anfertigen
- Zusammenfassende Kurzfassung erstellen.

Den *Überblick* verschafft man sich, indem man
- das Vorwort,
- die Einleitung,
- das Inhaltsverzeichnis,
- die Kapitelüberschriften liest.

Wieviel man von dem Buch liest, hängt von der Dicke des Buches, dem Schwierigkeitsgrad des Textes und von der eigenen Zeiteinteilung bzw. Planung ab. In jedem Falle ist eine *stichwortartige Zusammenfassung* am Ende eines jeden Kapitels anzufertigen, da sie wiederholendes Lesen überflüssig macht und das Behalten fördert. *Exzerpte* sind wörtliche Textstellen. Man wählt zum Exzerpieren Textstellen aus, weil sie für besonders wichtig erscheinen und für wörtliche Zitate zur Verfügung stehen sollen.

Die *zusammenfassende Gesamtwiederholung* verfolgt das Ziel, mit Hilfe einer solchen Kurzfassung jederzeit den Inhalt eines Buches rekapitulieren zu können.

3.2.9 Der Umgang mit Bibliotheken und Katalogen

Bibliotheken sind unsere wichtigsten »Informationsspeicher«. Es gibt allgemeine bzw. Universalbibliotheken und fachliche Schwerpunktbibliotheken. Zu den allgemeinen gehören die Landes- und Stadtbibliotheken, zu den Fach- und Spezialbibliotheken zählen die Hochschulbüchereien und die einzelnen Anstalten bzw. Firmen angegliederten Buchsammlungen. Heute besitzt jede größere Akademie, Forschungsanstalt, Industriefirma und Behörde eine eigene Buchsammlung – auch die Schule.

Stehen die Bücher in Leseräumen den Benutzern zur Verfügung, sprechen wir von *Präsenzbibliothek* (Lesesaal). Können die Bücher für eine begrenzte Zeit mit nach Hause genommen werden, haben wir es mit einer *Ausleihbibliothek* zu tun. Diese Ausleihbibliotheken werden zunehmend mehr aus festen Gebäuden in Fahrbüchereien ausgelagert, um besonders auf dem flachen Lande dem Bürger in der Ausleihe entgegenzukommen. Die Bücher kommen ins Dorf oder in den Stadtbezirk. Für die Benutzung der Büchereien, ganz gleich welcher Art, sind Kenntnisse und Fertigkeiten im *Umgang mit Katalogen* erforderlich. Deshalb soll von Katalogen noch die Rede sein.

Der Katalog ist Verzeichnis des vorhandenen Buch- und Zeitschriftenbestandes nach einer alphabetischen oder sachlichen Ordnung.

Folgende Gliederungen sind möglich:
– Die Gliederung nach dem Verfasser (Verfasserkatalog),
– die Gliederung nach dem Titel,
– die Gliederung nach dem Inhalt (Sachkatalog).

Dabei können Sachkataloge als Schlagwortkataloge oder Kataloge mit systematischer Sachordnung geordnet sein.

Schlagwortkataloge ordnen die Bücher nach einem Schlagwort, das den Inhalt möglichst genau und umfassend wiedergibt.

Beispiel: Titel des Buches: Dr. William C. Schutz: *Freude*. Schlagwort: Gruppentherapie, Sensitivtraining.

Der *systematische Katalog* (auch Wissenschaftskatalog) ordnet sachlich bzw. inhaltlich zusammengehörige Literatur in ein System der Wissenschaften ein. Da es verschiedene wissenschaftliche Systeme und Auffassungen gibt, gibt es hier mehrere Möglichkeiten des Aufbaus.

Schüler sollten lernen, mit Bibliotheken und Katalogen umzugehen. Die hier skizzierten Informationen müssen oft, in regelmäßiger Wiederholung angeboten werden. Dies gilt in erster Linie für die Sekundarstufe. Lehrer sollen mit ihren Schülern öffentliche Bibliotheken aufsuchen und den Auskunftdienst für eine Einführung in Anspruch nehmen. Erfahrungen zeigen, daß nach jedem Bibliotheksbesuch Schüler Lesekarten erwerben.

Schüler können auch allein oder zu zweit mit festen Aufgaben in die Bücherei geschickt werden. Im Rahmen des arbeitsteiligen Gruppenunterrichts z. B. müssen sich die Gruppenmitglieder die Literatur selbständig beschaffen. Denkbar und empfehlenswert für die Arbeit in der Schule sind auch folgende *Aufgaben:*

- Überlege zum Buch x drei Schlagwörter
- Überlege, wohin nach der Systematik unserer Stadtbibliothek Buch a, b, c gehört!

Kommentierte Literaturhinweise:

Naef, R. D.: Rationeller Lernen lernen, Weinheim, Basel, 1977:
   das Buch wendet sich an Schüler, Studenten und Berufstätige und enthält zahlreiche Übungen und Literaturhinweise.
   Der theoretische Teil nimmt Bezug auf die Lernpsychologie, Motivationsforschung, Gruppendynamik und Arbeitsphysiologie.
Hülshoff, F./Kaldewey, R.: Training rationeller lernen und arbeiten, Stuttgart, 1977:
   ein Arbeitsbuch für Schüler, Lehrer und Eltern in übersichtlicher, reichlich illustrierter Form. In erster Linie werden Hilfen für das Lernen in der Schule gegeben.
Vettiger, H./Kobel, F./Kummer, V.: Lernziel: Selbständigkeit, Düsseldorf, 1979:
   das Buch enthält die Beschreibung von Arbeitstechniken für die Grundschule. Zahlreiche praxisbezogene Beispiele, gekoppelt mit didaktischen Hinweisen, erleichtern das Lernen mit diesem Buch.
Beelich, K.-H./Schwede, H.-H.: Lern- und Arbeitstechnik, Würzburg, 1974:
   Kurz und bündig, mit vielen Beispielen und vorzüglicher Illustrierung werden Kenntnisse und Fertigkeiten beschrieben, die Erwachsenen das Lernen erleichtern. Das umfangreiche Buch (232 S.) ist nicht leicht zu lesen.
Kugemann, W. F.: Lerntechniken für Erwachsene, Stuttgart, 1972:
   dieses Buch enthält Lernregeln, Beispiele, wissenschaftliche Begründungen und Trainingsaufgaben.

3.3 Techniken der Informationsweitergabe

3.3.1 Die Bedeutung der Mitteilungsformen

Die Funktion zwischen Informationsbeschaffung und Informationsweitergabe wird durch die Informationsverarbeitung maßgeblich bestimmt. Aus diesem Zusammenhang ergibt sich die Bedeutung der Arbeitstechniken und Mitteilungsmethoden. Im Hinblick auf die Informationsverarbeitung (Basis jeden Lernvorgangs) bilden sich wichtige »Manipulationsgrößen«. Die Verhaltensverbesserung (Lernen) kann durch geeignete Techniken der Informationsweitergabe entschieden unterstützt werden. Mangelnde oder mangelhafte Mitteilungstechniken sind häufig die Ursache für eine Verhaltensverschlechterung (Verlernen).
Informationsaufnahme und Informationsabgabe sind genau so differenziert wie die Informationsverarbeitung. Wer nicht klar denkt, kann auch nicht trennscharf beobachten und exakt formulieren. (*Sitta/Tymister* 1977) Die Qualität der Informationsverarbeitung (einschließlich der Funktionen »Wahrnehmung«, »Denken«, »Gefühl«, »Handlung«) gelangt durch Sprache zum Ausdruck. Informationsverarbeitung läßt sich umgekehrt durch korrigierende sprachliche Funktionen auch verbessern. Aus diesem Grund ist die Vorrangstellung der Kommunikation unmittelbar einsichtig, wenngleich genau so unverständlich ist, warum Schüler in unserem Unterricht so wenig sprechen dürfen. Sie können Aussagen machen (jeder einige Sekunden in jeder Unterrichtsstunde), aber sie dürfen nichts aussagen. Die Redewendung »Es verschlägt einem die Sprache« scheint insbesondere auf den Unterricht zuzutreffen. Dennoch ist die Sprache das entscheidende Mittel zum Zweck des Lernens. Durch Sprache wird Verhalten ausgeprägt und modifiziert. Bezeichnet man »Erziehung« als Aufbau von positiven Verhaltensweisen, dann wird deutlich, daß sich dieser Prozeß vor allem durch Sprache vollzieht (*Leontjew* 1973, *Lorenzen* 1973, *Tymister* 1978).

»Als erziehungstypische Kommunikationsform wird schon seit langem neben anderen »erzieherischen Redeformen« wie Anerkennung, Beratung, Ermahnung, Gebot, Lob, Tadel, Verbot, Warnung usw. insbesondere das Gespräch ... angesehen.« (*Krejci* 1978)
»In ihm bemühen sich Erziehender und zu Erziehender bei prinzipieller Gleichordnung (symmetrische Kommunikation) durch wechselseitiges Sagen und Erwidern in Abwägung individueller und sozialer Interessen um Klärung, Lösung, Verstehen etc., wobei die Absicht, dem zu Erziehenden Personalisations- und Sozialisationshilfen zu geben, dominiert.« (ebd.)
»Ein Unterricht, der sich in dieser Weise als Kommunikationslernsituation versteht, muß in seinem Verlauf eine Vielzahl wechselnder Kommunikationssituationen bereitstellen, in denen einerseits kommunikatives Handeln geübt und andererseits kommunikative Gegenstände –

vorab die Selektionsmuster und Soziolekte der gesellschaftlichen Sprachverwendung – thematisiert und reflektiert werden. Angemessenes kommunikatives Handeln muß permanent geübt werden. Für den Bereich des sprachkommunikativen Trainings ergeben sich daraus permanente Lernziele, die jede inhaltlich strukturierte Unterrichtseinheit begleiten.« (*Schlotthaus* 1975, 22 f.)

Diese Lernziele, die vor allem den Unterricht maßgeblich bestimmen, der Sprache selbst zum Gegenstand hat, müssen dort so angelegt werden, daß entsprechende Ableitungen für andere Fächer möglich sind. Im Hinblick auf das Lernen, das immer »Verhaltenserwerb durch Sprache« ist, kommt dem Sprachunterricht eine wichtige Rolle deshalb zu, weil er exemplarische Kommunikationsmuster verständlich und somit Kommunikation verstehbar macht. Im Hinblick auf den Prozeß des Verhaltenserwerbs durch Sprache lassen sich folgende Lernziele formulieren:

»– Schüler müssen lernen, ihre eigene Rolle und die ihres Partners in gegebenen Kommunikationssituationen richtig einschätzen zu lernen.« Dazu gehört, »daß sie ihre eigenen Informationsbedürfnisse einschätzen und artikulieren, eigene Interessen verbalisieren, begründen, durchsetzen oder aufgeben, eigene Meinungen vertreten, begründen oder aufgeben lernen, andererseits die Informationen und Informationsbedürfnisse des Partners situationsangemessen beantworten, seine kommunikativen Interessen erkennen, beurteilen, abwehren oder annehmen, seine Meinungen erkennen und begründet akzeptieren, kritisieren oder abwehren können.« (*Schlotthaus* 1975, 23)
»– Schüler müssen lernen, gegenstandsbezogen, d. h. referentiell zu informieren, zu belegen, zu analysieren und zu argumentieren.
»– Sie müssen die wichtigsten Kommunikationskanäle – den mündlichen, schriftlichen, audiovisuellen kommunikationsaktiv wie rezeptiv beherrschen und situationsangemessen einsetzen lernen; . . .«
»– sie müssen . . . situations- und kontaktbezogen kommunizieren lernen.« (*Schlotthaus* 1975, 23 f.)

Situations- und kontaktbezogene Kommunikation bedeutet im Hinblick auf die Organisation des Lernens (Unterricht) die Fähigkeit, »phasengerecht« zu informieren. Geht man von der gängigsten 4-Phasen-Einteilung des Unterrichts aus, dann bezieht sich die Kommunikation a) auf die Wiederholung, b) auf die Erarbeitung und/oder Vermittlung von Information, c) auf die ersten Anwendungsversuche durch Bereitstellung geeigneter Anwendungsbeispiele, d) auf die eigenständige Formulierung von Aufgaben. In allen diesen Phasen können folgende sprachliche Aktivitäten auftreten:
– erzählen,
– berichten,
– beschreiben,
– erklären,
– begründen,

- erläutern,
- Beispiele geben,
- vergleichen,
- wiederholen und
- zusammenfassen,
- referieren,
- anweisen und anleiten ...

Diese Auflistung beinhaltet weder eine »Rangfolge« noch den Anspruch auf Vollständigkeit. Werden nämlich sprachliche Aktivitäten nach den geistigen Prozessen, durch welche sie zum Vorschein gelangen, aufgezählt, dann ergibt sich eine Vielzahl notwendiger Nennungen. Man kann sagen, daß unter den Begriff »Informationsweitergabe« letztlich alle sprachlichen Aktivitäten fallen, welche sich aus vorgängigen (spezifischen) geistigen Prozessen ergeben.

Im folgenden sollen die oben genannten Sprachformen als *Formen didaktischen Sprechens (Spanhel* 1971) näher erläutert werden, wobei als Ausgangspunkt und Sinnorientierung – wie bei den vorangegangenen Kapiteln – die Erziehung zum selbstbestimmten und sozialen Menschen gilt.

3.3.2 Erzählen

Was ist das: Erzählen?
Eine Erzählung ist die *Darstellung eines Sachverhaltes im zeitlichen Nacheinander,* die durch das *persönliche Erleben* des Erzählers bestimmt ist. Der Erzähler wendet sich mit ihr an vertraute Menschen, die Anteil nehmen an seinem persönlichen Erleben. So wie sich Eltern für ihre Kinder interessieren, wenn sie sie auffordern, doch einmal zu erzählen, wie es in der Schule war, wie sie den Kindergeburtstag erlebt haben, wie ihnen im Sportwettkampf zumute war u. ä. m. Die Erzählung gedeiht nur in der entspannten Atmosphäre guter Beziehungen. *Erzählbereitschaft* und die Offenheit für den Erzähler sind leicht störbar. Damit sie aufeinander treffen und das Erzählen ermöglichen, müssen Partner einander zugewandt sein, einander vertrauen und offen füreinander sein. Geht das Vertrauen verloren, so heißt es hinterher leicht: »Dem (oder der) erzähl' ich nichts mehr.« Erzählt wird das, was als bedeutsam, als wichtig, als merkwürdig und auch als unterhaltend erlebt wurde. Es gibt auch eine Grenze, die dann unterschritten wird, wenn das Dargestellte von Mißgunst, Häme oder Schadenfreude bestimmt wird. Doch Klatsch und Tratsch und üble Nachrede verraten sich schon in der Haltung der miteinander Sprechenden.
Es gibt das noch unvollkommene und ganz spontane Erzählen des Kleinkindes, das

schon dann gegeben ist, wenn etwa der Erstkläßler morgens bei der Begrüßung des Lehrers auf seine Schuhe zeigt und freudestrahlend sagt: »Die haben wir gestern gekauft.« Und auch das ist schon als eine Form des Erzählens zu werten, wenn ein Schulanfänger dem Lehrer eine Zeichnung mit den Worten überreicht: »Die schenk' ich Dir; ich habe das für Dich gemalt!«

Das Erzählen kann zur höchsten Kunstform ausgebildet werden, wenn etwa im Roman Schicksale von Menschen in einer Weise zur Darstellung gebracht werden, daß in den Erlebnissen und Erfahrungen der einzelnen Grundzüge des Allgemeinen zum Ausdruck kommen. So spannt sich ein weiter Rahmen um die Erzählung von ihren einfachsten bis zu den kunstreichsten Formen. Neben den Darstellungen konkreter Erlebnisse umfassen sie auch fiktive, vorgestellte, ersonnene, wie sie in ihrer unendlichen Vielfalt nur die menschliche Phantasie hervorzubringen vermag.

Für eine »narrative Unterrichtskultur«

Das Erzählen ist von hervorragender Bedeutung für Erziehung und Unterricht in einer schülerorientierten Schule. Wir müssen deshalb für eine narrative Unterrichtskultur eintreten, weil sie Raum schafft für den Schüler, ihm Möglichkeiten bietet, sich einzubringen und sich entfalten zu können.

Nur so kommt es zum Erzählen:

Der Schüler braucht Raum, muß sich wohlfühlen, darf nicht unter Druck stehen, muß im Lehrer und den Mitschülern aufgeschlossene Zuhörer finden, die ihm durch aktives und geduldiges Zuhören helfen, den angemessenen Ausdruck für seine Darstellung zu finden. Die Bedeutung des aufnehmenden Hörers kann gar nicht hoch genug veranschlagt werden. Er kann, wie Kleist es uns aufgewiesen hat, auch helfen, den noch unfertigen Gedanken zu vollenden.

Wer sich geborgen fühlt, erzählt auch!

In der Regel sind unsere Schüler in der Vorklasse und im ersten Schuljahr noch unbefangen genug, spontan erzählen zu können. An diese Unbefangenheit und Spontaneität muß angeknüpft werden. In der Vorklasse bzw. im 1. Schuljahr beginnt die Gesprächserziehung damit, daß Erzählsituationen geschaffen werden, die die oben genannten Bedingungen erfüllen. Hier kommt es auch sehr darauf an, daß nicht jene Kinder fortwährend dominieren, die die besser ausgebildeten Ausdrucksmöglichkeiten zur Verfügung haben. Es sollen ja gerade diejenigen auch gefördert werden, deren Sprachentwicklung unter weniger günstigen Vorzeichen stand.

Immer muß zugleich mit der Sprachförderung die Fähigkeit zuzuhören geschult werden.

Der Erzähler muß lernen, daß die Aufmerksamkeit des Zuhörers auch für ihn wichtig ist. Darum muß er darauf bedacht sein, daß die Zuhörer sich ihm zuwenden. Und im Fortgang seiner Erzählung muß er den Kontakt behalten zu den Zuhörern und ihre Reaktionen berücksichtigen.

Schon kleine Kinder sind oft sehr nachdrücklich darum bemüht, die Aufmerksamkeit und die volle Zuwendung eines Zuhörers zu gewinnen. Es ist also nicht verfrüht, wenn schon am Schulanfang auf das interaktive Erzählen und Zuhören geachtet wird. Erst aus dieser Grundhaltung heraus können dann die differenzierten Fähigkeiten entwickelt werden, die zu einer Technik des Erzählens gehören.

Anforderungen an den Lehrer als Erzähler:
- Erzählungen gut vorbereiten;
- sich der Entwicklungsstufe des Kindes anpassen, ohne sich auf die gleiche Stufe zu stellen;
- sich an die individuelle Eigenart des Kindes anpassen;
- den Kontakt zur Klasse bedenken;
- die Reaktionen der Zuhörer aufnehmen und darauf eingehen;
- klären und erklären, wenn nötig;
- weitere Entwicklungen voraussehen lassen, Vermutungen anstellen lassen;
- ausmalen lassen, Beispiele für allgemeine Aussagen geben lassen;
- Stellung beziehen lassen;
- wiedererzählen, wiederholen lassen – dabei womöglich neue Akzente setzen;
- dialogisieren, dramatisieren.

Merke:
Erzählungen sind Darstellungen von Sachverhalten im zeitlichen Nacheinander, die durch das *persönliche Erleben* der Erzähler bestimmt sind.
Der Erzähler wendet sich mit der Erzählung an vertraute Menschen, die Anteil nehmen an seinem persönlichen Erleben.
Erzählhaltung gedeiht nur in *entspannter Unterrichtsatmosphäre.*

3.3.3 Berichten

Ein Bericht ist die Darstellung eines Sachverhaltes im zeitlichen Nacheinander, wobei im Gegensatz zur Erzählung jegliche persönliche Färbung vermieden und auf strenge Sachlichkeit geachtet wird. Im Gegensatz zur Erzählung, bei der ein freier Spielraum für den Griff nach dem Stoff gegeben ist, wird hier ein Stück wirklichen Geschehens Gegenstand gesammelter Aufmerksamkeit. Die Aufgabe besteht darin, dem Geschehen *betrachtend* gegenüberzutreten, um es *ungefärbt* und *sachgetreu* wiederzugeben. Das Berichten verlangt schon eine bewußtere Haltung als das Erzählen; ihm ist die Disziplin der Sachlichkeit angemessen.

Beispiele für Berichten aus verschiedenen Lebensbereichen:
In unserem gesellschaftlichen Leben kommt dem Bericht eine hohe Bedeutung zu. Korrespondenten berichten der Öffentlichkeit über Geschehnisse aus aller Welt, nehmen oft Mühsal und Gefährdung auf sich, um das Zeitgeschehen authentisch in Erfahrung zu bringen und der Öffentlichkeit mitteilen zu können in dem Bewußtsein einer Informationspflicht.

Kommissionen erstatten ihren Auftraggebern Bericht über die Ergebnisse ihrer Untersuchungen. Nicht selten bilden solche Berichte die Grundlage für wichtige Entscheidungen. Gelegentlich werden durch solche Berichte die Handlungsweisen von Menschen genauer beleuchtet, so daß sie belastet werden und für ihre Aufgaben als nicht mehr geeignet erscheinen können. Ebenso können sie natürlich auch entlastet und von ungerechtfertigten Verdächtigungen befreit werden.

Vereinsvorstände schulden ihren Mitgliedern jährlich den Arbeits- und Kassenbericht, durch den auszuweisen ist, ob die mit einem Amt verbundenen Aufgaben den Erwartungen gemäß erfüllt worden sind und der Amtsinhaber das Vertrauen zur weiteren Amtsausübung verdient.

Der Prüfbericht des Statikers und der Krankenbericht des Arztes sind in besonderer Verantwortlichkeit zu erstellende Dokumente des jeweiligen Fachmannes, weil von ihnen menschliches Leben abhängig sein kann.

Wir können nunmehr unsere eingangs gegebene *Definition* ergänzen: Neben dem Merkmal der *Sachlichkeit* ist dem Bericht auch eine besondere *Verbindlichkeit* im *kommunikativen Zusammenhang* eigen. Der Berichtende steht unter dem Anspruch wahrheitsgemäßer und zuverlässiger Aussage, wie es in der Wortprägung ›Berichterstatter‹ ursprünglich ausgedrückt ist.

So ist das Arbeitsfeld ›Berichten‹ *von zwei Polen bestimmt*, die ihrerseits auch in einem Zusammenhang stehen. Aus der Verpflichtung heraus, möglichst umfassend und genau berichten zu können, soll die Motivation gespeist werden für die umsichtige und gründliche Aufnahme und Beschaffung der Information. Besondere Aufmerksamkeit muß auch gerichtet werden auf den sprachlichen Ausdruck der erfaßten Inhalte.

Didaktische Aspekte:
Bei der Vermittlung der Fähigkeit zu berichten ist neben dem kognitiven auch der normative Aspekt zu sehen.

Ist die Genauigkeit sachlicher Darstellung in einem immer wieder an der Sache und dem konkreten Geschehen orientierten Unterricht zu erlernen, so sind für die Einübung in verantwortliches Rollenverhalten auch solche Situationen zu schaffen, die den Schüler in eine soziale Verantwortung stellen.

Grundlegend ist dabei die *Vorbildfunktion des Lehrers*. Seine eigene Sachlichkeit und sein sozial verantwortliches Handeln sollen sich auf die Schüler übertragen. Aber es muß auch angestrebt werden, die Schüler für die eigenverantwortliche Ausfüllung größerer Freiräume im Unterricht zu befähigen. Hierbei kommt den offeneren Sozialformen des Unterrichts eine große Bedeutung zu; denn in der Gruppenarbeit oder im Projektunterricht z. B. bieten sich solche Übungsräume für die Schüler.

Eine fächerübergreifende Lernaufgabe!
Das Berichten ist also nicht nur eine unter verschiedenen sprachlichen Darstellungsformen, die bewußt gemacht und geübt werden. Selbstverständlich kommt dem Deutschunterricht die Aufgabe zu, die verschiedenen Sprach- und Darstellungsformen aus dém Bereich der täglichen Sprachverwendung einer unterrichtlichen Betrachtung zu unterziehen und in geeigneter Form einzuüben, aber darüber hinaus wird der Bericht auch in anderen Fächern zu einem wichtigen Element des Unterrichts. Die mit ihm geforderten kognitiven und sozialethischen Lernprozesse sind über die Fächergrenzen hinweg kontinuierlich zu verfolgen.

Mit ihnen verbinden sich auch erzieherische Aufgaben wie *kritische Distanz, Selbstdisziplin, Zuverlässigkeit, Verantwortungsbereitschaft, Kommunikations- und Interaktionsfähigkeit.*

Im 1. Schuljahr beginnen!
Wenn auch eine streng sachliche Betrachtung dem Schulanfänger aufgrund seiner geistigen Entwicklung noch nicht gemäß ist, so ist doch auch er in seinen Darstellungen schon in der Lage, die Akzente auf das Geschehen und die Dinge – und auf die eigenen Erlebnisse und Empfindungen zu legen.

So beginnt im 1. Schuljahr die Arbeit, die die Fähigkeit, berichten zu können, weiter ausbaut; denn Ansätze dazu sind bei dem Sechsjährigen durchaus schon vorhanden. Überall im Unterricht bieten sich Möglichkeiten, die Schüler über ihre Erfahrungen in oder außerhalb der Schule berichten zu lassen.

Je nach der Intention, die wir im Unterricht verfolgen, steht dabei einmal der Ablauf eines Geschehens, einmal das Erlebnis des Kindes im Vordergrund. Wichtig ist, daß die Schüler Gelegenheit zu solchen Darstellungen erhalten.

An Erfahrungen der Schüler anknüpfen!
Da Berichte immer auf ein schon abgelaufenes Geschehen zurückgreifen, sollten wir im Unterricht der Grundschule bemüht sein, wo immer das möglich ist, an die Erfahrungen der Schüler anzuknüpfen.
– Ein Schüler hat gesehen, wie Kartoffel gepflanzt wurden;
– ein anderer hat geholfen beim Beschneiden der Obstbäume;
– eine Schülerin weiß, wie ein Pferd aufgezäumt wird;
– ein Junge hat dem Vater bei der Montage eines Autoreifens zugesehen etc.
Diese und andere Erfahrungen unserer Schüler können im Unterricht fruchtbar gemacht werden. Beziehen wir die Schülererfahrungen in den Unterricht ein, so eröffnen wir den Schülern Räume, in denen sie das Gefühl ihres Selbstwertes erfahren und steigern können. Es müßte einleuchten, daß solche Lernsituationen geeignet sind, Lernmotivationen freizusetzen.
Jede Situation, in der der Schüler sein Wissen und Können mit einem gewissen eigenen Freiraum zur Anwendung bringen kann, ist in höchstem Maße lerneffektiv, insbesondere dann, wenn es sich um Erfahrungen handelt, die sprachlich noch nicht differenziert verarbeitet wurden. Unter diesem Aspekt ist es unerläßlich, daß der Lehrer sich immer wieder darum bemüht, die Erfahrungen seiner Schüler kennenzulernen, *um sie dann in das unterrichtliche Arrangement hereinholen zu können.* So wird er auch auf die Motivstruktur seiner Schüler aufmerksam und kann sie persönlicher ansprechen, ihre schlummernden Motivationen freisetzen, sie lernbereiter machen und mehr Freude in den Unterricht hineinbringen.
In der Sekundarstufe gehen wir dazu über, den Unterricht gemeinsam mit den Schülern zu planen. Wir bemühen uns darum, gezielt Erfahrungen zu machen, die unsere gestellten Fragen beantworten. So werden gezielt bestimmte Informationen herangeholt, die nachher im Unterricht verarbeitet werden. Hierbei erfolgt dann eine intensive Einübung in die Rolle des Berichterstatters.
Geradezu tödlich für die Lernbereitschaft des Schülers ist es, wenn der Unterricht perspektivlos an ihm vorbeiläuft, sich weder um das kümmert, was er aus seiner eigenen Erfahrung beisteuern könnte, noch sich seiner planerischen Möglichkeiten, seiner Begeisterungsfähigkeit und Offenheit bedient.
Eine unterrichtliche Perspektive ist dann gegeben, wenn die Struktur und innere Systematik der Lerngegenstände ebenso Beachtung finden wie die Erfahrungsbestände und motivationalen Bedingungen der jeweiligen Schüler.

Merke:

Im Bericht soll ein Sachverhalt ungefärbt und sachgetreu im zeitlichen Nacheinander wiedergegeben werden.
Der Berichtende steht unter dem Anspruch wahrheitsgemäßer und zuverlässiger Aussage. Umsichtiges und gründliches Vorgehen bei der Informationsbeschaffung, Genauigkeit und Sachlichkeit in der Darstellung und soziale Verantwortung zeichnen den guten Berichterstatter aus.

3.3.4 Beschreiben

Beschreiben ist *Darstellen eines Sachverhaltes im räumlichen Nebeneinander*. Dabei liegt der Schwerpunkt auf der möglichst genauen Erfassung der Einzelheiten und ihrer Bedeutung für das Ganze. So kann man sagen, daß dem Beschreiben die Grundintention immanent ist, Zusammenhänge zu verstehen. Klassische Formen des Beschreibens sind Situationsbeschreibungen und Bildbeschreibungen. In ihrer Hochform entwickelt sich das Beschreiben zu den wissenschaftlichen Methoden der Phänomenologie und Hermeneutik.
Für das Verstehen der Funktionalität eines Sachverhaltes kann auch das zeitliche Nacheinander von Bedeutung sein. Wo die Beschreibung auf die Erfassung und Wiedergabe eines Vorganges gerichtet ist, sind Ähnlichkeiten mit dem Bericht.

Abgrenzung gegenüber dem Bericht
Während dem Bericht immer ein in der Vergangenheit abgelaufenes Geschehen zugrunde liegt, werden in Vorgangsbeschreibungen ganz bestimmte Vorgänge zur Darstellung gebracht, die grundsätzlich wiederholbar sind, wie zum Beispiel die Herstellung eines Teiges, die Zubereitung eines Menus, die Montage eines Autoreifens, das sachgemäße Verbinden einer Wunde und ähnliche Handlungsabläufe.

Wann werden Beschreibungen eingesetzt?
Beschreibungen werden eingesetzt, wenn den Kommunikationspartnern ein anschauliches Bild gegeben werden soll von einer nicht gegenwärtigen Person, Sache, einem bestimmten Wirklichkeitsausschnitt oder einem Handlungsablauf, dessen einzelne Schritte bewußt gemacht werden sollen. Neben der bloßen verbalen Beschreibung sind für den Lernenden solche sehr wichtig, die mit Skizzen veranschaulicht und dabei beschrieben werden, wie etwa das Anrichten einer Speise.

Anforderungen an die Beschreibung

Anschauliche Beschreibungen stellen hohe Anforderungen. Sie fordern einmal die Fähigkeit, differenziert wahrnehmen und vorstellen zu können: denn von der präzisen Vorstellung eines möglichst genau aufgenommenen Sachverhaltes muß die Beschreibung ausgehen. Ist die Vorstellung ungenau, kann auch die Beschreibung nicht gelingen. Es müssen alle unterstützenden Techniken der Informationsspeicherung und -verarbeitung eingesetzt werden, damit sich klare Vorstellungen bilden. Dabei müssen auch die sprachlichen Mittel zur Verfügung stehen, die zur Informationsweitergabe erforderlich und zudem geeignet sind, auch bei dem Partner klare Vorstellungen hervorzurufen.

Didaktische Aspekte

Die Beschreibung muß am konkreten Sachverhalt ihren Ausgang nehmen. Am Anfang also muß die intensive Auseinandersetzung mit dem Gegenstand (der Person, der Situation, dem Bild, dem Vorgang etc.) stehen. Betrachten muß geübt werden. Es beginnt schon im Kindergarten, wenn die Gruppe im Halbkreis versammelt ist und die konzentrierte Aufmerksamkeit auf einen Gegenstand richtet. Die Betrachtung kann auch damit motiviert werden, daß sie mit der Aufgabe verbunden wird, später einem vorübergehend nicht anwesenden Kind den Gegenstand so genau zu beschreiben, daß es ihn aus einer Anzahl ähnlicher Gegenstände im Raum herauszufinden vermag.

Schon während der Betrachtung, die mit allen Sinnen erfolgen sollte, werden die Einzelheiten erfaßt, die Besonderheiten und Auffälligkeiten herausgehoben, Ähnlichkeiten zu anderen Gegenständen festgestellt und alles in Sprache gefaßt. Die aktive Beteiligung der Schüler wird umso stärker sein, je interessanter der Gegenstand für die Kinder ist und je besser die Übung in die dem Vorschulkind gemäße Form von Spielen eingebunden wird. Für das Grundschulkind sind das Handeln mit dem Gegenstand und die Möglichkeit zum Experiment, zur gezielten Beobachtung mit Hilfsmitteln (Protokollbogen, Lupe, Pinzette etc.) wesentliche Lernhilfen.

Von einfach strukturierten Gegenständen schreiten wir unter Beachtung der kindlichen Aufnahme- und Verbalisierungsmöglichkeiten schrittweise zu komplexeren fort, wobei die Erfahrungen und Motive der Schüler Berücksichtigung finden sollten.

Zu den Phasen des Unterrichtsablaufs

– Konfrontation der Lernenden mit einem ausgewählten Gegenstand, der sie anspricht, für sie von Interesse ist.
  Etwas »frag-würdig« an dem Gegenstand machen.
– Aktive Auseinandersetzung mit dem Gegenstand; Erfassung der Einzelheiten,

ihrer Zusammenhänge und Bedingungen; präzise sprachliche Erfassung des Aufgenommenen.
- Verinnerlichung des Vorstellungsbildes durch Beschreibung aus der Vorstellung. Die sprachliche Aneignung und der Vorgang der Abstraktion können gestützt werden durch Stichworte, schematische Darstellungen u. ä.
- Überprüfung der Präzision der Darstellung durch die Kontrolle der Eindrücke beim Partner bzw. am konkreten Gegenstand.

Handlungsvollzüge
Für die Erfassung von Handlungsvollzügen ist es erforderlich, von der konkreten Handlung auszugehen.
Soll eine bestimmte Aufgabe handelnd realisiert werden, so kann schon mit verbaler Hilfe, mit Verlaufsplänen etc. die Handlung vorbereitet werden durch angemessene Herrichtung des Arbeitsplatzes, Bereitstellung der Materialien, des Werkzeugs, Vorbereitung des Handelnden selbst.

Ein Beispiel: Herstellung von Weihnachtsgebäck
Eine solche Aufgabe ist schon in den ersten Klassen der Grundschule zu bewältigen, mit starker Hilfe durch die Erzieher schon im Vorschulalter. Gerade jüngere Kinder sind von solchen Aufgaben deshalb stark angesprochen, weil sie ihnen eigenes Handeln erlauben und zudem auch die Aussicht eröffnen, damit auch Ergebnisse zu erzielen. Es beginnt damit, daß der Plan mit den Kindern besprochen wird. Die Kinder werden innerlich eingestellt auf die Aufgabe, und die für die Durchführung notwendigen Dinge werden geklärt. Teilaufgaben können delegiert werden. Die Wörter für das Material und die Geräte werden aufgelistet. Ein Ablaufplan wird aufgestellt.
Während der Arbeiten werden die einzelnen Arbeitsgänge nebenher verbal bezeichnet. So wird wesentliche Hilfe geleistet für die Einprägung in das Vorstellungsgelände. Nach Beendigung der Arbeiten soll Gelegenheit gegeben werden, sich gemeinsam noch einmal an den Ablauf zu erinnern. Dabei gelangen die neu gelernten Ausdrücke erneut zur Anwendung.
Nun muß der Lernprozeß darauf abgestellt werden, den Arbeitsgang unter Ablösung von den Handlungsvollzügen und den konkret anschaulichen Dingen aus der Vorstellung verbal zur Darstellung zu bringen.
Für diesen Lernschritt gilt es, sinnvolle Motivationen zu finden (z. B. Anlage eines Kochbuches).

Echte Kommunikationssituationen schaffen!
Besonders wertvoll für das sprachliche Lernen sind solche Kommunikationssituationen, in denen der Schüler neu gewonnene Informationen weitergeben muß. Das sind Situationen, in denen Partner vorhanden sind, die über den Gegenstand nicht oder nur lückenhaft informiert sind.

Merke:

Beschreibungen sind *sachliche* und *genaue* Darstellungen von Sachverhalten im räumlichen Nebeneinander.
Dem Beschreiben ist die Grundintention immanent, Komplexität zu erfassen und Zusammenhänge zu *verstehen*.
Bei Vorgängen, die grundsätzlich wiederholbar sind, ist auch der Ablauf in seinem zeitlichen Nacheinander zu beachten.

3.3.5 Erklären

Erklären als wissenschaftliches Prinzip ist gerichtet auf die *Darlegung eines Zusammenhangs,* aus dem heraus eine Tatsache oder ein Sachverhalt zu begreifen ist. Der Begriff wird öfter dem Verstehen gegenübergestellt. Liegt beim Beschreiben das Schwergewicht auf der Erfassung der Einzelheiten, so will die Erklärung Einsicht in Zusammenhänge, Funktionen, Gesetzmäßigkeiten erreichen.

Schulische Interaktionen als Zusammenspiel von Erklären und Verstehen
Die schulische Interaktion zwischen Lehrer und Schülern ist auf weite Strecken der Versuch, diese beiden geistigen Leistungen so in ein Zusammenspiel zu bringen, daß die Rollen der Interaktionspartner austauschbar werden.
Das heißt, in vielen Fällen ist die Arbeit des Lehrers dann an ihr Ziel gelangt, wenn durch seine Erklärungen ein Sachverhalt in ihrem Zusammenhang verstanden wurde und nun vom Schüler anderen, die noch nicht diese Einsicht gewonnen haben, klargemacht werden kann.

Bedingungen für das Gelingen dieses Zusammenspiels
Damit der Lernprozeß dieses Ziel erreicht, muß der Schüler Gelegenheit erhalten, Rollenwechsel vorzunehmen. Er muß Möglichkeiten finden, seine neu erworbenen Einsichten weiterzugeben.
Solche Situationen sind umso lerneffektiver, je echter sie sind. Das heißt, es sollte nicht nur nach einer Lehr- und Lernfolge die Erklärung als Rückmeldung an den Lehrer gefordert werden – der weiß es ja schon –, sondern sie sollte auch zur Anwendung gebracht werden gegenüber dem noch nicht Wissenden.

Aufhebung der starren Rollenfixierung von Lehrer und Schüler
Das führt zu der Forderung nach der Aufhebung der starren Rollenfestlegung der Lehrer als Lehrende und der Schüler als Lernende.
Es ist gerade in jüngster Zeit wieder häufiger hingewiesen worden auf die Möglichkeiten, *Schüler als Lernhelfer* einzusetzen nach dem tutorialen Prinzip: Lernen durch Lehren (vgl. *R. Krüger* 1975). Dazu bieten sich im schulischen Alltag immer wieder Gelegenheiten. Es wäre pädagogisch nicht vertretbar, wenn sich die Lehrer um der Menge des zu vermittelnden Stoffes willen nicht die Zeit nehmen würden für die Festigung und Ausdifferenzierung des Gelernten in Anwendungssituationen. *Die Lehrkapazität der Schüler ist zu nutzen um ihrer hohen Lernwirksamkeit willen!*

Beispiele für Erklärungen durch Schüler
Situation 1:
Berechnung der Oberfläche einer Rundsäule im Mathematikunterricht des 7. Schuljahres. Die Schüler sind mit dem Problem konfrontiert und suchen Lösungen. Sie machen Vorschläge. Ein Schüler erhält Gelegenheit, seine Lösung an der Tafel zu erklären:

›Zuerst rechnen wir die Deckfläche aus. Wir nehmen das Ergebnis mal zwei und haben damit die Grund- und die Deckfläche. Jetzt rechnen wir noch die Fläche für den Mantel aus, zählen alle Flächen zusammen und haben die Oberfläche des Körpers.‹ (nach *Spanhel* 1973, 182)

Situation 2:
Im Biologieunterricht eines 7. Schuljahres ist der Unterrichtsfilm ›Wer knackt die Nüsse?‹ gezeigt worden.

Ein Schüler: ›Das Eichhörnchen hat die Nuß in der Hand gehabt, – in den Händen gehabt, und dann hat sie es in den Mund genommen und dann immer so gedreht, so mit dem Ober- und Unterkiefer, immer so schön hin und her, ja, immer so, – immer mit den Zähnen so.‹

Zeigt das erste Beispiel, daß sehr häufig auch die Schüler schon in der Lage sind, sprachlich exakte Erklärungen zu formulieren und Problemlösesituationen eigenständig zu bewältigen, so wird in der zweiten Situation, in der die Lösung auch vom Schüler gefunden wird, die Schwierigkeit des sprachlichen Ausdrucks deutlich. Gerade solche Situationen sind jedoch auch geeignet, die sprachlichen Fähigkeiten der Schüler auszubilden.

Erklärungen sind Antworten auf Fragen
Viele Dinge, denen wir zum ersten Mal begegnen, berühren uns nicht sonderlich. Wir nehmen sie zur Kenntnis, ohne ihnen besondere Aufmerksamkeit zuzuwenden. So können wir ihnen auch niemals voll gerecht werden. Unsere Urteile müssen flach und

oberflächlich bleiben, oft sind sie falsch. Es kommt daher darauf an, daß wir es lernen, die Erscheinungen der Welt differenzierter zu betrachten. In der Schule muß die Grundhaltung aufgebaut und entwickelt werden, den Dingen auf den Grund zu gehen, – die in ihnen verborgenen Rätsel und Fragen zu lösen.

Die besondere Aufgabe des Lehrers
Der Lehrer muß den Blick der Schüler hinter die Oberfläche der Dinge lenken und sie lehren, Gegenstände und Sachverhalte nicht ausschließlich und vorschnell von der subjektiven Bewertung aus einzuordnen, um sie dann oft genug ganz abzutun. Es geht darum, die Dinge von ihrer eigenen Gesetzmäßigkeit und Ordnung her sehen zu lernen.
Hierin muß sich Wissenschaftsorientierung des schulischen Lehrens und Lernens bewähren.
Es muß als Unterrichtsprinzip gelten, Schüler zur vorurteilsfreien Betrachtung der Dinge zu erziehen.

Merke:
Erklärungen sollen Einsichten vermitteln in Zusammenhänge, Funktionen, Gesetzmäßigkeiten.
Zur vollen Entfaltung dieser Fähigkeit bei den Lernenden ist die starre Rollenfixierung von Lehrenden und Lernenden aufzuheben. Die Lehrkapazität der Schüler muß genutzt werden.
Wissenschaftsorientierung hat sich als ständiges Bemühen um die Entlarvung von Vorurteilen zu bewähren.

3.3.6 Begründen

Kausales Denken als Aufgabe der Enkulturation
Durch Begründungen werden kausale Abhängigkeitsverhältnisse aufgezeigt und einsichtig gemacht. Seit Jahrhunderten sind die unser Leben weitgehend bestimmenden westeuropäischen Wissenschaften von kausalen Denkweisen bestimmt. So ist schon von der schulischen Aufgabe der Enkulturation her als Prinzip schulischer Arbeit anzusehen, die Schüler immer wieder anzuhalten, nach Begründungen und kausalen Erklärungen zu suchen für die Erscheinungen der Welt und die Verhaltensweisen der Menschen.

Die Erforschung der Kausalität in den Naturwissenschaften
Das eigentliche Feld für die Erforschung der Kausalität sind die Naturwissenschaften. Wo wir in der Schule mit Sachverhalten der anorganischen Natur zu tun haben, fragen wir danach, wie die Dinge beschaffen sind, wie sie so geworden sind und warum sie so geworden sind.
Im Bereich des Organischen achten wir auf Entwicklungen, Veränderungen und ihre Bedingungen.
An Lebewesen interessieren uns besonders Begründungen für ihre Verhaltensweisen.

Der Mensch muß lernen, sein Handeln zu verantworten
Der Mensch ist ein handlungsfähiges Wesen. Er kann sich entscheiden, dieses und jenes zu tun oder nicht zu tun. Er muß lernen, sein Handeln zu verantworten. Das betrifft besonders auch die Sprachverwendung. Der mündige Mensch, der ernst genommen werden will, muß seine Meinungen und Vorschläge begründen, seine Auffassungen und Handlungsweisen vertreten, und das heißt auch, Begründungen dafür geben können.
So ist das *Verstehen* der *Welt* ebenso an die Suche nach *Ursachen* und *Gründen* geknüpft, wie die *Sozialfähigkeit* und *Mündigkeit verbunden* ist mit der *Erlernung* und *Einübung planvollen* und *verantwortlichen Handelns*.

Konsequenzen für die unterrichtliche Arbeit
Es muß Prinzip schulischer Arbeit sein, bei der Betrachtung der Lerngegenstände mögliche Ursachen und Wirkungen in das Denkfeld der Schüler hineinzuziehen. Wir erreichen das, indem wir den Unterricht *prozeß*- oder *problemorientiert* anlegen. Wir sollten das Schwergewicht unserer geistigen Bemühungen darauf richten, nach Lösungen zu *suchen*. Dabei wird zwar in der Menge des Stoffes weniger zu erreichen sein, als wenn wir von Ergebnissen ausgingen, doch es wird intensiver und effektiver und unter erzieherischen Aspekten auch richtiger gelernt.
Die Aufgabenstellungen und Probleme müssen natürlich so geartet sein, daß sie von den Schülern bewältigt werden können. Der Schüler muß über Techniken des Fragens verfügen und in der Lage sein, den Zusammenhang von Bedingung und Folge vorausdenkend durchspielen zu können. Er muß die Wenn-Dann-Beziehung an dem konkreten Gegenstand experimentell und in geistiger Vorwegnahme erprobend einsetzen, um zu Hypothesenbildungen zu kommen, die ihn auf Lösungswege führen können.

Zum ökologischen Denken anhalten!
Die Schüler sollen angehalten werden, ökologisch zu denken; sie müssen lernen, die Phänomene im Zusammenhang und in der Interaktion mit den *Bedingungen ihres Umfeldes* zu sehen. Das darf natürlich nicht so weit stilisiert werden, daß die Vorstellung zum Dogma wird, jede Art von Eingriff in ein System sei ökologisch unverantwortbar, denn der evolutionäre Prozeß, in dem wir uns mit der Welt um uns befinden, ist eine notwendige Bedingung unserer Existenz. Doch Gefahren solcher Art bestehen nur dann, wenn wir das Betrachtungsfeld zu eng begrenzen, die vorhandenen Zusammenhänge mit dem weiteren Umfeld unberücksichtigt lassen und uns weigern, die anthropologischen Notwendigkeiten anzuerkennen. Der Mensch ist als Kulturwesen darauf angewiesen, die Welt immer wieder neu für seine Zwecke zu verändern, aber er muß diese seine Freiheit mit der Verantwortung für seine Mitmenschen, – auch für die, die erst nach ihm leben werden –, und für die Erde als seine Lebensgrundlage verbinden.

Weil wir Menschen immer wieder neu vor Entscheidungen gestellt werden, die wir zu begründen haben, ist es als eine erzieherische Aufgabe der Schule anzusehen, zugleich mit der differenzierteren Betrachtung und Erfassung der Erscheinungen unserer Welt eine *Grundhaltung* bei den Schülern *auszubilden,* die es ihnen *verbietet,* sich mit *vordergründigen Erklärungen* zufrieden zu geben.

Von Anfang an Problemorientierung!
Problemorientiertes Arbeiten ist bereits in der Grundschule, schon im Bereich der Vorschulerziehung möglich und sollte als Grundhaltung des Lehrers von Anfang an vorgelebt werden.
Es ist immer wieder auf die in den Dingen verborgenen »Geheimnisse« aufmerksam zu machen. Die Entdeckerfreude, die ausgelöst wird, wenn die Schüler an einer Stelle einmal die Oberfläche durchdrungen haben und zu wirklichem Wissen gekommen sind, entwickelt sich zum Motiv des Suchens und Findenwollens.
Nur die *Kontinuität der Arbeitsweise* durch die Schuljahre hindurch und über die Grenzen der Fächer hinweg kann den erwünschten Erfolg bringen.

Merke:
Enkulturation als schulische Aufgabe heißt auch, die Schüler zu lehren, nach *Begründungen* für die Erscheinungen der Welt und die Verhaltensweisen der Menschen zu suchen.
Sozialfähigkeit und Mündigkeit als Erziehungsziele setzen verantwortliches, d. h. vertretbares und begründetes Handeln voraus. Das muß die schulischen Interaktionen stets bestimmen.
Der Unterricht soll prozeß- und problemorientiert angelegt werden. Die Schüler müssen lernen, *ökologisch* zu denken. Nur *Kontinuität* des Arbeitens über die Schuljahre und die Grenzen der Fächer hinweg sichert den Erfolg.

3.3.7 Erläutern

Erläuterungen sind Hilfestellungen oder auch zusätzliche Informationen zum besseren *Verständnis eines Sachverhaltes, der mit nichtverbalen Mitteln dargestellt* ist. Dabei kann es sich um Karten, Zeichnungen, Schaubilder, Bilder, Versuchsanordnungen, Werkstücke u. ä. handeln. Im *Unterricht* kommt es häufig vor, daß Sachverhalte durch den Einsatz bestimmter Medien veranschaulicht, verdeutlicht, strukturiert, an Beispielen aufgezeigt werden. Damit werden die Unterrichtsgegenstände besser erfaßt. Besonders wertvoll sind solche Darstellungen, die in der Auseinandersetzung mit den Gegenständen entwickelt werden, weil ihnen die Dynamik des prozeßhaften Erfassens eigen ist. Unter diesem Aspekt ist auch der während des Lehrervortrags oder der gemeinsamen Erarbeitung eines Gegenstandes durch Lehrer und Schüler entwickelten Tafelzeichnung wieder mehr Aufmerksamkeit zuzuwenden.

Die wertvollsten unterrichtlichen Medien sind solche, die aus dem Unterricht selbst erwachsen. Sie können verbessert, erweitert, ergänzt oder auch verworfen und durch andere ersetzt werden.

In einem mehr vom Lehrer gesteuerten Unterricht kann in der Phase der Lösung der Schwierigkeiten im Zusammenhang mit den verschiedenen Medien der Veranschaulichung der Schüler zu Erläuterungen aufgefordert werden und so in seinem Lernprozeß unterstützt werden, indem er zum Lernhelfer wird für den Schüler, der mit seiner Einsicht noch nicht so weit gekommen ist.

In der Phase der Kontrolle des Lernerfolgs kann der Schüler zeigen, daß er den Sachverhalt erfaßt hat, indem er Erläuterungen zu den medialen Hilfen gibt.

Noch lerneffektiver ist es für den Schüler, wenn er die Informationsbeschaffung und -verarbeitung selbständig oder gemeinsam mit anderen Schülern zu bewältigen sucht und dabei Techniken einsetzt, die es ihm erleichtern, Übersicht zu gewinnen und das Wesentliche zu erfassen.

Ein Beispiel aus dem Sachunterricht
Spanhel (1973) nennt ein Beispiel aus dem Sachunterricht eines 3. Schuljahres, in dem die Schüler in Gruppenarbeit die Unterschiede herauszusuchen hatten zwischen Lebensmittelgeschäft und Großmarkt. Ein Schüler hat sich zwei Spalten aufgemalt und die ihm wesentlich erscheinenden Unterschiede aufgelistet:

Großmarkt	Lebensmittelgeschäft
großes Warenangebot	kleineres Warenangebot
günstige Preise	höhere Preise
—	—
—	—

Der Schüler erläutert nun im Klassengespräch sein Vorgehen und Verfahren und erfährt dabei zugleich, wie wertvoll diese Techniken der Informationssammlung, -aufbereitung und -gegenüberstellung auch für die Informationsweitergabe sind.

Erläuterungen in Verbindung mit Handlungen
Von großer Bedeutung ist die Erläuterung in allen Bereichen des Unterrichts, in denen konkrete Handlungsvollzüge vorzunehmen sind mit Werkcharakter. Wenn wie im Textilen Werken, im Technischen Werken, der Geometrie, in naturwissenschaftlichen Fächern praktische Arbeiten zu erlernen sind, werden häufiger nicht verbale Hilfsmittel eingesetzt, die der Erläuterung bedürfen.
Beispiele für solche Arbeitsaufgaben:
– Ein Vogelhaus wird gebaut
– Eine Brücke wird gewebt
– Ein Wandbord wird konstruiert
– Ein Würfel wird hergestellt
– Eine Klingelleitung wird angelegt.
Hier berührt sich die Erläuterung mit der Anweisung.

Erläuterungen von Strategien und Handlungskonzepten
Im Projektunterricht und in vielen anderen als Problemlösesituationen werden Schüler angehalten, Lösungswege und Handlungsstrategien zu entwickeln. Bei der Skizzierung solcher Wege sind zumeist Erläuterungen für diejenigen erforderlich, die die Überlegungen nachvollziehen sollen. Bei der Erläuterung von kritischen Zuhörern wird zugleich die Brauchbarkeit des Konzepts geprüft und nicht selten verbessert und richtig gestellt.

Merke:
Erläuterungen sind verbale Ergänzungen zu Informationen nichtverbaler Art.
Sie sollen helfen, den Informationsgehalt von z. B. Karten, Schaubildern, Bildern, Versuchsanordnungen u. ä. zu erschließen.
Eine wichtige Funktion haben Erläuterungen bei der Weitergabe und Prüfung von Handlungskonzepten.

3.3.8 Beispiele geben

Beispiele haben verschiedene Funktionen im Lernprozeß.

Es kann einmal mit Hilfe eines Beispiels als eines kennzeichnenden Einzelfalls *ein allgemeiner Sachverhalt konkretisiert und verdeutlicht* werden. Wir können hier von einem »Verdeutlichungsbeispiel« sprechen. Andererseits kann auch mit Hilfe eines Beispiels *die Gültigkeit einer Aussage bewiesen* werden. Dieses Beispiel können wir als »beweisendes Beispiel« bezeichnen.

Beispiele erleichtern den Transfer
Sie stellen eine Brücke dar zwischen der allgemeinen Erkenntnis und den konkreten Vorgängen. Sie können der Erfahrung entnommen sein oder auch unter Bezugnahme auf mögliche Erfahrungen ausgedacht und konstruiert sein.

Einsatz im Lehr- und Lernprozeß
Der Lehrer setzt das Beispiel im Lehrprozeß ein, um den Schülern Zusammenhänge einsichtig zu machen oder ihnen die Anwendung und den Transfer einer Erkenntnis zu erleichtern.

Die Schüler können an Beispielen zeigen, daß sie eine Einsicht gewonnen haben und sie konkret verwerten können.

Das Beispiel ist in der Didaktik zum Prinzip des Lernens erhoben worden in der Forderung nach exemplarischem Lehren und Lernen.

Den Unterricht offener anlegen!
Für den Schüler wird das Beispiel in dem Maße selbst zu einem Mittel der unterrichtlichen Verständigung, in dem er entsprechende Hilfen durch den Lehrer erhält und frei wird zu *entdeckendem Lernen*. Letztlich lernt aber der Schüler den Einsatz des Beispiels nur dadurch, daß er in die Situation gebracht wird, von ihm gewonnene Erkenntnisse und Lösungen an andere weiterzugeben. Auch hier ist die Forderung zu erheben, offenere Formen des Unterrichts verstärkt einzusetzen und dem Erproben und Anwenden der eigenen Kräfte des Schülers mehr Raum zu geben.

Merke:
An Beispielen können allgemeine Sachverhalte konkretisiert und deutlich gemacht werden. →Verdeutlichungsbeispiel
Beispiele können eingesetzt werden, um die Gültigkeit von Aussagen zu beweisen. →beweisendes Beispiel

Beispiele erleichtern die Übertragung der Erkenntnisse vom Besonderen in das Allgemeine und umgekehrt.
Im Prinzip des exemplarischen Lehrens und Lernens geht es um die Auswahl des auch für andere Gegebenheiten beispielhaften Falles.

3.3.9 Vergleichen

Vergleiche schaffen Konturen und eröffnen Erkenntniswege
Wenn zwei Sachverhalte einander vergleichend gegenübergestellt werden, können dadurch deren Besonderheiten deutlicher hervortreten, klarer werden und besser verstanden werden. Die vergleichende Betrachtung stellt für den Schüler eine Hilfe dar in Problemlösesituationen. Sie ist außerdem eine vorzügliche Möglichkeit, neues Wissen schon bekanntem hinzuzufügen oder in schon bekannte Zusammenhänge einzuordnen, wodurch eine Gedächtnisauffrischung von schon früher Gelerntem und eine weitere Ausdifferenzierung desselben erreicht wird.

An den Lernerfahrungen der Schüler anknüpfen
So wird der Lehrer schon aus didaktischen Gründen immer wieder bemüht sein, für die Vermittlung neuer Einsichten die schon bekannten Sachverhalte einzusetzen. Das wird ihm umso besser gelingen, je besser er über die bisherigen Lernerfahrungen der Schüler aus dem unterrichtlichen und außerunterrichtlichen Bereich unterrichtet ist: ein zusätzliches Argument dafür, die Lehrer-Schüler-Interaktionen in der Schule langfristiger zu planen, damit mehr Kontinuität in den Lernprozeß der Schüler hineinkommt.

Möglichkeiten für vergleichende Betrachtung im Unterricht:
– Textsortenvergleich
– Motivgleiche Gedichte
– Aufbau von Darstellungen
– Wortwahl in Texten
– Die Übertragung natürlicher Energien (Wasser, Wind) in nutzbare Energiequellen
– Durchführung bestimmter Arbeitsformen (Bodenbearbeitung) unter ungleichen Voraussetzungen
– Aufbau bestimmter Blütenformen
– Lösung statischer Probleme in der Natur und im Bereich menschlichen Bauens
u. v. a. m.
Der Schüler wird bei der Informationsweitergabe den Vergleich umso eher einsetzen,

wenn ihm die vielfältigen Möglichkeiten bewußt gemacht wurden und er von den Lehrern und den Mitschülern dazu ermutigt und herausgefordert wird.

Merke:
Durch Vergleiche werden Erkenntniswege eröffnet.
Sie ermöglichen den Aufbau von Wissensstrukturen und machen die Besonderheiten spezifischer Sachverhalte deutlicher.
Bei der Anwendung des Vergleichs soll Neues und schon Bekanntes gegenübergestellt werden.

3.3.10 Wiederholen und Zusammenfassen

Für effektives Wiederholen und Zusammenfassen stellen wir in der Folge einige Regeln auf:

Dosierte Wiederholungen sind Lernhilfen!
Wiederholungen sind für die Habitualisierung und Festigung des Gelernten wichtig. Sie sind in gewissen Zeitabständen vorzunehmen, wobei es hilfreich ist, wenn der Schüler seine Behaltensfähigkeit selbst kontrollieren kann.

Mit dem Lehrerecho sparsam umgehen!
Der Lehrer wiederholt einen Schülerbeitrag dann, wenn er damit seine Richtigkeit bestätigen und hervorheben will. Er wird diese Form der Rückmeldung nicht als ständiges Lehrerecho einsetzen, weil sie damit ihre Wirksamkeit einbüßen müßte.

Autoritäres Gehabe vermeiden!
Die Wiederholung durch den Schüler wird dann gefordert, wenn der Lehrer seinerseits erkennen möchte, ob der Schüler verstanden hat, ob alle mitgekommen sind. Auch diese Form des Nachvollzugs einer schon getroffenen Aussage sollte vom Lehrer nicht zu oft gefordert werden, weil sie dann zum Element eines autoritären Erziehungs- und Lehrstils werden kann.

Den Schüler mitbeteiligen! Anreize geben!
Wiederholungen, die *mit einem neuen Reiz verbunden* werden, sind lerneffektiver. Am besten ist es, den Schülern den Freiraum für die Anfügung eines Elementes zu geben. So sind zum Beispiel für das Einprägen bestimmter Satzmuster Übungen erforderlich, die so angelegt werden können, daß bestimmte Grundformen in

unterschiedlichen Variationen wieder aufgenommen werden. Diese Arbeitsweise findet im muttersprachlichen Unterricht und im Fremdsprachenunterricht ihre Anwendung.

In anderen Arbeitsbereichen kann die Wiederholung damit verbunden werden, daß das neu Gelernte zu schon Bekanntem in Beziehung gesetzt wird. Dabei wird dieses zugleich wiederholt.

Bei wiederholendem Nachvollzug eines Gelernten durch den Schüler ist diesem die sprachliche Form freizustellen. Sie sollte nur dann verbessert werden, wenn sie das Gelernte verzerrt oder verfälscht oder wenn die Verwendung von Fachtermini unbedingt erforderlich ist.

Zusammenfassungen zeigen Strukturen auf!

Zusammenfassungen stellen auch bestimmte Formen der Wiederholung dar. Sie beschränken sich auf das *Wesentliche*. Doch gerade darin liegt auch ihre besondere Bedeutung. Sie machen einen neuen Zugriff auf die Gesamtmenge der aufgenommenen Information erforderlich. Er muß neu durchdacht und auf seine wesentlichen Elemente hin befragt werden, damit eine gestraffte und geordnete Darstellung gelingt.

Übersichten geben!

Bei der Informationsübermittlung wird der Lehrer darauf bedacht sein, den Lerngegenstand in übersichtlicher Form darzubieten. Er wird zu Beginn schon den Ordnungsrahmen in Form einer Gliederung geben und dazu, wenn möglich, auch Hilfen in optischer Form bieten, etwa als Inhaltsverzeichnis oder mit Hilfe eines Schemas. So wird schon die Informationsaufnahme erleichtert. Bei der Zusammenfassung kann auf diese Hilfen zurückgegriffen werden. Hieran muß dann der Schüler unbedingt beteiligt werden. So können Unklarheiten beseitigt, Mißverständnisse geklärt und Lücken aufgefüllt werden. Mit der Zusammenfassung wird für einen Abschnitt die Informationsaufnahme gesichert und zugleich der Grund gelegt für weitere Informationen.

Wird zunächst noch starke Lehrerhilfe erforderlich sein, so kann doch zunehmend der Schüler beteiligt werden, um dann auch selbständig solche Aufgaben zu übernehmen. Vor allem bei schriftlichen Darstellungen, die dem Schüler als aufbereitete Informationsquellen dienen, sollen die oben ausgeführten Hinweise Beachtung finden. Eine Fülle graphischer Möglichkeiten kann für eine geordnete Informationsweitergabe genutzt werden.

Merke:
Mehrfaches *Wiederholen* in gewissen Zeitabständen sichert den Lernerfolg.
Wiederholungen sollen jeweils mit einem neuen Reiz verbunden werden. Möglichkeiten der
Selbstkontrolle für den Schüler verstärken seine Mitbeteiligung.
Zusammenfassungen und *Übersichten* erleichtern die Aufnahme und Verarbeitung von
Informationen. Sie geben ihnen Struktur.

3.3.11 Referieren

Der referierende Lehrer als Lernhelfer
Das Referieren als eine der Zuhörerschaft angepaßte Form der Informationsübermittlung ist in der Schule zunächst dem Lehrer vorbehalten. Er soll die Fähigkeit
besitzen, einen Stoff übersichtlich zu gliedern und ihn unter ständiger Bezugnahme
auf die Entwicklungsstufe und die individuelle Eigenart der Schüler in eine sprachliche Form zu kleiden. Dabei wird er auch überlegen, welche nicht verbalen Mittel der
Veranschaulichung die Informationsaufnahme unterstützen können.
So setzt also ein Referat eine intensive Vorarbeit voraus, in welcher der Stoff
gründlich durchgearbeitet wird, wobei er so weit zu kürzen ist, daß er noch als eine
geschlossene Informationsmenge aufgenommen werden kann. Er darf dabei jedoch
nicht um seine wesentlichen Aspekte verkürzt oder gar aus einer Fabulierfreude
heraus verändert werden. Es muß klar getrennt werden zwischen dem, was Informa-
tionsquelle ist und dem, was durch den Informationsgeber hinzugetan wird.

Die Zuhörer einbeziehen!
Die zusätzliche Aufgabe besteht nun aber darin, die Möglichkeiten der Schüler
ständig im Auge zu haben. Unbekannte Wendungen und Wörter müssen erkannt
werden, damit sie umschrieben und erklärt werden können.
Während des Vortrages sollen die Zuhörer zusätzlich aktiviert werden. Dabei geht es
nicht nur um die Erziehung von Aufmerksamkeit. Der Referierende soll schon
während des Vortrags um die Klärung von Unverstandenem bemüht sein. Dazu muß
er ständigen Kontakt zum (Mit-)Schüler haben. Das heißt, er darf nicht starr
gebunden sein an einen vorgeschriebenen Text. Der Augenkontakt zu den Zuhörern
liefert beiderseits wichtige Informationen. Er unterstützt das Verstehen beim Hörer
und läßt den Sprecher erkennen, wann Verständnisprobleme auftreten, damit er
unterbrechen und Hilfen geben kann.

Abschnittweise vortragen!

Bei einer längeren Darstellung ist es ohnehin sinnvoll, in Abschnitten zu gliedern und die Einschnitte zu nutzen, um zum Beispiel Kommentare der Schüler herauszufordern, bestimmte Stellen ausmalen zu lassen, allgemeine Aussagen durch Beispiele verdeutlichen zu lassen. Dann wird auch klar, wo Mißverständnisse aufgetreten sind. Es zeigt sich, ob Wiederholungen erforderlich sind. Unter Umständen können Zuhörer, die sinngemäß aufgenommen haben, denen helfen, die an irgendeiner Stelle Verstehensschwierigkeiten hatten.

Hilfen zur weiteren Verarbeitung der Informationen

Je nach der Intention und Eigenart des Textes kann er dann gemeinsam mit den Hörern variiert werden. Bei Sachinformationen kann die Arbeit auf das Protokollieren, das Festhalten des Wesentlichen z. B. gerichtet sein. Durch Problematisierung oder die Suche nach Anwendungsmöglichkeiten kann die weitere Verarbeitung der Information eingeleitet werden.

Bei solchen Informationen, die Geschehnisse aus Geschichte und Gegenwart beinhalten, kann z. B. eine anschließende Dialogisierung oder Dramatisierung das Verständnis vertiefen.

Referieren als Lernaufgabe für Schüler

Die Fähigkeit des Referierens ist deshalb eine komplexere Form der Informationswiedergabe, weil sie von didaktischer Absicht bestimmt ist.

Der Schüler soll es jedoch auch lernen, Referate vorbereiten und halten zu können. Im wesentlichen ist dies eine Aufgabe der Sekundarstufe. Die Anlage eines schriftlichen Referates muß jedoch gelernt werden. Die schriftlichen Ausarbeitungen müssen mit dem Ausgangstext verglichen und dann verbessert werden. Erst auf einer späteren Stufe kann mit Notizen gearbeitet werden.

Eingebettet sind die übrigen Lernaufgaben, insbesondere die aktive Einbeziehung der Zuhörer in eine Gesprächserziehung. Auch diese ist keine partielle, sondern eine permanente und fächerübergreifende schulische Aufgabe.

Wir merken als Aufgaben eines Referenten:

- Den Stoff straffen und übersichtlich gliedern
- Die sprachliche Formulierung mit Blick auf die Zuhörer vornehmen
- Mittel der Veranschaulichung bedenken, vorbereiten und einsetzen
- In Abschnitten vortragen, sich des Verständnisses der Zuhörer vergewissern
- Hilfen zur weiteren Verarbeitung bereitstellen.

3.3.12 Anweisen und Anleiten

Anweisungen sind Informationen zur Bewältigung einer bisher unbekannten Situation oder zur Handhabung oder dem Gebrauch bestimmter Dinge, auch zur Ausführung von Arbeiten. Sie müssen klar verständlich sein und die unmittelbare Umsetzung in Handlung ermöglichen.

Anweisungen haben in der Schule ihren Platz in der Alleinarbeit, der Partner- und Gruppenarbeit. Sie enthalten die Aufträge der Schüler für bestimmte Arbeitsphasen. Doch auch der Schüler soll es lernen, diese Sprachform einzusetzen, da sie im alltäglichen Leben eine erhebliche Rolle spielt.

Diese Form der Informationswiedergabe stellt hohe Ansprüche an denjenigen, der sie zu formulieren hat. Er muß die Fähigkeit haben, sich in die Lage dessen zu versetzen, der ohne die erforderliche Information ist. Und er muß die Handlungsvollzüge ganz genau vor Augen haben, für die jemand durch die Anweisungen qualifiziert werden soll.

Anweisungen können häufig dadurch noch aussagekräftiger gemacht werden, daß sie mit Skizzen und schematischen Zeichnungen verbunden werden. Die Anweisung ist eine Schüleraufgabe von hoher Lerneffektivität. Sie wird jedoch nur dann ihren Platz in der Schule finden, wenn es uns gelingt, auch die wesentlichsten Elemente der Arbeitsschulbewegung in modernisierter Form in unsere Schule hereinzunehmen. Wenn wir Projekte und Arbeitsvorhaben in Gruppen planen und durchführen, gewinnen auch solche Lernaufgaben an Bedeutung. Das gilt auch für die Anleitung, die eine ähnliche Aufgabe hat wie die Anweisung. Steht bei der letzteren die Information im Vordergrund, so sind in der Anleitung auch normative Aspekte enthalten.

Merke:

Anweisungen und *Anleitungen* sind knapp gehaltene Informationen der Sachkundigen zum richtigen Gebrauch von Geräten, zur korrekten Durchführung bestimmter Handlungsvollzüge, zur fachmännischen Handhabung von Arbeitsvorgängen u. ä.

Kommentierte Literaturangaben

O. F. Bollnow: Die Macht des Wortes, Essen, 1964 und ders.: Sprache und Erziehung, Stuttgart, 1966:
  Der Autor reflektiert in den oben genannten Werken und in einer ganzen Reihe weiterer Veröffentlichungen, die in verschiedenen pädagogischen Zeitschriften erschienen sind, den Zusammenhang von Sprache und Erziehung grundlegend. Mit Hilfe der phänomenologischen Methode werden die verschiedenen Sprachformen analysiert und auf ihre pädagogische

Bedeutung hin befragt. Die Arbeiten von *O. F. Bollnow* sind von zentraler Bedeutung für die Erkenntnis der pädagogischen Möglichkeiten der verschiedenen Sprachformen.

W. Loch: Die pädagogische Funktion der Sprache, in: Verstehen und Vertrauen. Festschrift für *O. F. Bollnow*, herausgegeben von *J. Schwartländer*, Stuttgart, 1968 und ders.: Sprache, in: *J. Speck, G. Wehle:* Handbuch pädagogischer Grundbegriffe, München, 1970:
Werner Loch, ein Schüler *Bollnows*, hat die Anregungen seines Lehrers aufgenommen und weitergeführt. Ihm kommt das Verdienst zu, die pädagogischen Sprachformen in einem systematischen Zusammenhang dargestellt zu haben. Auch von ihm liegen eine Reihe weiterer wichtiger Arbeiten in Zeitschriften vor.

D. Spanhel: Die Sprache des Lehrers, Grundformen didaktischen Sprechens, Düsseldorf, 1971 und *D. Spanhel:* Schülersprache und Lernprozesse, Düsseldorf, 1973:
Spanhel geht in dem erstgenannten Werk von Erkenntnissen *Lochs* aus und definiert die Grundformen didaktischen Sprechens und stellt einen Zusammenhang her zu den Phasen des Lernprozesses. Mit seinem Beitrag in dem zweiten Buch gibt er Hinweise zur Analyse der Formen und Funktionen der Schülersprache im Lernprozeß. Dieser Ansatz ist in unserer Arbeit weitergeführt in den Bereich der Lernaufgaben.

H. Aebli: Grundformen des Lehrens, Stuttgart, 1961 und weitere Auflagen:
Aebli vermittelt wichtige Anregungen für das Lehren des Lernens auf lernpsychologischer Grundlage. Was hier an Lernaufgaben zur unterrichtsmethodischen Qualifizierung des Lehrers sichtbar gemacht wird, kann zum großen Teil übertragen werden in den Bereich der Lernaufgaben des Schülers.

J. Reischmann: Leichter lernen – leicht gemacht, Freiburg, 1978:
Die kleine Schrift von *Reischmann* will älteren Schülern und Studenten Arbeitshilfen geben durch vorwiegend technische Hinweise für das Studium und die Examensvorbereitung.

4. Sozialformen und Unterrichtsverfahren, die das Lernen Lehren am besten unterstützen

4.1 Zu den Begriffen

Die in der Literatur übliche Unterscheidung *Sozialformen* des Unterrichts spiegelt den Versuch wider, Unterricht in der Vielfalt seiner Erscheinungsformen begrifflich zu fassen und zu systematisieren. Als Kriterium für eine solche systematische Ordnung wird die Sozialstruktur der Klasse genommen, der gesamte Klassenverband im Frontalunterricht, die Alleinarbeit, die Partnerarbeit, die Gruppenarbeit. Daß zwischen dem Lernverhalten der Schüler und der Sozialform des Unterrichts ein Zusammenhang besteht, gilt als sicher, wenn auch dieser Zusammenhang im einzelnen nicht exakt zu erklären ist.

Der Begriff *Unterrichtsverfahren* sagt zunächst nichts über die Sozialform aus, wenngleich z. B. der programmierte Unterricht der Alleinarbeit und der Projektunterricht dem Kleingruppenunterricht zuzuordnen sind.

Nun gibt es Sozialformen des Unterrichts, die das Lernen Lehren besonders fördern, nämlich die Alleinarbeit, die Partnerarbeit und die Gruppenarbeit, und auch Unterrichtsverfahren, wie z. B. der Gesprächsunterricht, der Projektunterricht und der programmierte Unterricht.

Diese Sozialformen und Unterrichtsverfahren setzen die Beherrschung von Arbeitstechniken und Lerntechniken voraus. Sie geben aber auch die Chance, sie zu erlernen und zu trainieren.

Im Rahmen dieser Ausführungen erscheint es überflüssig, ausführliche Darstellungen zu den einzelnen Formen und Verfahren zu machen. Es kommt nur darauf an, den unmittelbaren Bezug zu den Arbeits- und Lerntechniken zu verdeutlichen und auf die gängige Literatur aufmerksam zu machen.

Im Rahmen dieser Lernbuchreihe kann verwiesen werden auf die systematische Darstellung der *Sozialformen* (*Meyer-Willner:* Differenzieren und Individualisieren, 1979) und einzelner *Unterrichtsverfahren* (*Thiele:* Lehren und Lernen im Gespräch, 1981; *Michael:* Darbieten und Veranschaulichen i. V.; *Kaminski/Kaiser:* Handlungsorientiert Lehren und Lernen i. V.; *Eisenhut/Heigl/Zöpfl:* Üben und Anwenden, 1981).

4.2 Alleinarbeit

Unter Alleinarbeit, Selbstunterricht, Stillarbeit oder auch Einzelarbeit werden Arbeitsformen verstanden, bei denen der Schüler ohne direkte Anleitung des Lehrers lernt. Die *indirekte Führung* besteht darin, daß der Lehrer aufgrund seiner Stundenplanung festlegt, ob die Einzelarbeit den Frontalunterricht

- *ergänzt* bzw. begleitet (Wiederholung, Übung, Anwendung)
- oder als autonome Unterrichtsform den Lehrerunterricht *ersetzt* (produktive Alleinarbeit).

Die Leitung der Einzelarbeit in der Schule besteht ferner darin, daß der Lehrer

- die Ziele und die Inhalte bestimmt und
- die gestuften Anforderungen in Form einer Aufgabenprogression festlegt (Arbeitsbogen).

Diese Alleinarbeitsformen bereiten Selbstbildungsverfahren vor und sollten Gelegenheit geben, Vorkenntnisse und Arbeitstechniken zu erlernen. Außerhalb der Schule sind Einzel- und Alleinarbeit autodidaktisches Lernen. Autodidaktentum und Schullernen stehen also in einem Zusammenhang, sind aber nicht dasselbe.

Gibt es nun Lernstoffe, die sich für die Alleinarbeit besonders gut eignen?

Ohne Zweifel ist die Einarbeitung in ein Sachgebiet mit einer klaren und übersichtlichen Inhaltsstruktur einfacher als Lernstoffe mit unklar umrissenen Strukturmerkmalen. Für die letzteren eignet sich die Gruppenarbeit besser. Als *Beispiele* für einen Arbeitsbogen mit übersichtlichen Inhalten und deshalb eindeutigen Arbeitsanweisungen möge ein typischer *Karnick*-Arbeitsbogen für die Grundschule (3. Schuljahr) (*Karnick* 1964) und eine Arbeitshilfe für den Grammatikunterricht der *Sekundarstufe* (6. oder 7. Schuljahr) dienen.

Die gestuften Aufgabenforderungen machen den Sachzwang (Groß- und Kleinschreibung) und die Lehrziele des Arbeitsbogenautors (siehe *Karnick*) deutlich. Dennoch hat der Schüler eine gewisse Freiheit, seinem individuellen Arbeitstempo gemäß vorzugehen.

Beispiele
Thema: Werkstätten und Betriebe geben vielen Menschen Arbeit

Arbeitsanweisung

1. *Der Elektriker war da*
Da gab es viel zu sehen! Der Lehrling brachte eine Rolle Litze. Der Geselle verlegte sie in die Wände und Decken unserer Wohnung. Neben den Türen befestigte er die Schalter und die

Steckdosen. Die Sicherungen schraubte er an der Zählertafel fest. In der Stube und in der Küche schloß er die Lampen an. Als er fertig war, schaltete ich das Licht ein. Der elektrische Strom ließ die Glühbirne leuchten. Das Rundfunkgerät spielte uns Musik vor.

a) Schreibe die Geschichte ab!

b) Der Elektriker ist da. Da gibt es viel zu sehen!
   Schreibe weiter!

c) Morgen will der Elektriker zu uns kommen. Da wird es viel zu sehen geben.

d) Der Elektriker hat seine eigene Sprache: Strom, Leitung . . .
   Schreibe einige Ausdrücke auf!

2. Viele elektrische Geräte helfen uns

Waschmaschine, Tauchsieder, Mixer, Wäscheschleuder, Kaffeemühle, Elektrorasierer, Staubsauger, Fruchtpresse, Warmwasserspeicher, Bügeleisen, Tischleuchte, Kühlschrank, Heizofen, Hängelampe, Kochplatte, Heizkissen, Radio, Küchenmaschine, Flaschenwärmer, Geschirrspülmaschine, Elektrokocher, Haarschneidemaschine, Elektroherd, Elektrobohrer, Höhensonne (Bestrahlungssonne), Haartrockner (Föhn), Fernseher, Brotröster.

a) Schreibe so: Die Waschmaschine ist ein elektrisches Gerät. Usw.

b) Ordne die Namen der einzelnen Geräte in die folgende Liste ein und setze die Begleiter (der, die, das) davor:

Einfache Namenwörter	Zusammengesetzte Namenwörter aus 2 Wörtern	Aus 3 Wörtern zusammengesetzte Namenwörter
der Mixer	die Waschmaschine	der Warmwasserspeicher
usw.	usw.	usw.

c) Schreibe auf, welche elektrischen Geräte bei Euch zu Hause benutzt werden. Schreibe so: Wir haben eine elektrische Hängelampe. Wir haben ein elektrisches Bügeleisen. Usw.

3. Unser Radio (Rundfunkgerät)

Unser Radio (stehen, sich befinden) auf einem kleinen Tisch. Am Morgen (warten, hören) die Mutter die genaue Uhrzeit. Sie (anschalten, anstellen, aufdrehen) das Radio ganz leise. Neben uns (schlafen, schlummern, schnarchen, ruhen) noch ein alter Mann. Besonders (gern haben, begeistern, lieben) meine Mutter schöne Musik. Am Sonntag (warten, harren) ich immer auf den Kinderfunk. Alle Kinder im Haus (lauschen, hören, horchen, die Ohren spitzen) bei den spannenden Geschichten und schönen Märchen. Unser Vater (anstellen, einschalten, aufdrehen) nur am Abend das Radio. Ich (müssen, gehen, klettern, steigen) dann ins Bett.
Schreibe die Geschichte auf und suche in jedem Satz das Zeitwort aus, das Dir am besten zu passen scheint! Prüfe jeden Satz nach, wie er am besten klingt!

4. Eine Federzeichnung:

Die Arbeiter der Stadtwerke wechseln eine Leuchtröhre aus.

5. Mutter geht in viele Läden und Geschäfte

Sie kauft Brot und Kuchen	in dem Damenbekleidungsgeschäft
Fleisch und Wurst	in dem Bäckerladen
Blumenkohl und Tomaten	in dem Fischgeschäft

Schellfisch und Heringe	in dem Schuhgeschäft
Käse und Milch	in dem Schlachterladen (Metzgerladen)
Fleischsalat und Landschinken	in dem Gemüseladen
Stoffe und Kleider	in dem Feinkostgeschäft
Schuhe und Überschuhe	in dem Milchladen

a) Hier stimmt etwas nicht! Schreibe auf, wo Mutter die Waren einkaufen kann. Schreibe so: Brot und Kuchen kauft Mutter in dem Bäckerladen. Fleisch und Wurst kauft sie in dem –. Usw.

b) Schreibe jetzt so: Mutter bekommt Brot und Kuchen —. Usw.

6. *Unser lustiger Schornsteinfeger*
a) Unser Dach steht auf dem Schornsteinfeger.
b) Auf dem Zylinder trägt er einen Kopf.
c) Nun nimmt er den Schornstein und fegt den Besen.
d) Er läßt die Kinder in den Schornstein hinab, und die Besen schauen zu.
e) Die Kinder staunen, wenn er da oben klettert.
f) Er winkt und lacht den Kindern freundlich zu.
g) Jetzt sehen die Zähne seine weißen Kinder.
Aufgaben:
1. Lies die Geschichte, wie sie da steht!
2. Schreibe die Buchstaben der falschen Sätze auf!
3. Schreibe die Buchstaben der richtigen Sätze auf!
4. Lies die Geschichte richtig!
5. Nun schreibe die Geschichte richtig auf!

Diese Beispielfolge macht deutlich, daß neben den wiederholenden und übenden die relativ selbständigen Arbeitsaufträge möglich und wünschenswert sind.

Karnick hat bereits vor 31 Jahren Forderungen hinsichtlich der zu beherrschenden »Arbeitsverfahren« bis zum Ende des 4. Schuljahres aufgestellt. In dem oben zitierten Buch »Mein Heimatort« II nennt er folgende *Arbeitsaufträge für die Alleinarbeit:*

● Benutzen eines Inhaltsverzeichnisses,
● Benutzen eines Wörterbuches und eines Kinderlexikons,
● Aufstellen stofflicher Gliederungen,
● »Verdichten« von längeren Sätzen auf wenige Sätze,
● Festhalten eines Sachverhaltes in Stichwörtern,
● Bilden einfacher Kategorien,
● Deuten von Bildern,
● Deuten und Anfertigen von Schaubildern und graphischen Darstellungen,
● Ausmessen von Entfernungen auf Karten,
● Anfertigen einfacher Karten,
● Umgehen mit farbiger Tinte,
● Beschriften von Sachzeichnungen,
● Einfügen von Bildern und Sachzeichnungen in Texte,
● Einordnen benutzter Bücher,
● Lochen und Abheften von bearbeiteten Blättern.

Mit dieser Forderung wird versucht, das Erlernen notwendiger Arbeitstechniken *schon in der Grundschule* aufzubauen. In noch verstärkterem Maße sollten auch für die *Sekundarstufe* Formen der Alleinarbeit und des Gruppenunterrichts in verbindlichen Zeitabschnitten wahrgenommen werden (siehe folgendes Kapitel).

Zusammenfassung

Alleinarbeit ist eine Unterrichtsform, in der der Schüler ohne direkte Führung des Lehrers lernt.

Einzel- oder Alleinarbeit kann in bestimmten Phasen des Unterrichts eingeplant werden – oft geschieht es in der Phase der Wiederholung, Übung und Anwendung.

Alleinarbeit kann aber auch als autonome Unterrichtsform (produktive Alleinarbeit) den Lehrerunterricht ersetzen.

Besonders für diese Form haben die Arbeitstechniken (vgl. Kap. 3) große Bedeutung.

Lernkontrolle:

- Welche Arbeitstechniken kennt *Karnick* als Voraussetzung für produktive Alleinarbeit?
- Überlege, welche Arbeitsmittel in jeder Klasse der Grund- und Sekundarschule stehen müssen, um eine produktive Alleinarbeit zu unterstützen.

Kommentierte Literaturhinweise:

Fischer, M.: Die innere Differenzierung des Unterrichts in der Volksschule, Weinheim, Basel, 1975:
Nach einer Darstellung der historischen Entwicklung des Differenzierungsproblems folgen Ausführungen über die Motive und Möglichkeiten innerer Differenzierung in der Schule.
Fischer, M./Michael, B.: Differenzierung im Schulunterricht, Weinheim, Basel, 1973:
Das Buch enthält eine Quellensammlung zur Frage der Differenzierung von Comenius bis zur Jetztzeit. Ein wesentlicher Schwerpunkt liegt in der Darstellung des Zusammenhangs von Differenzierung und der Organisation des Schulwesens.
Hopf, D.: Differenzierung in der Schule, Stuttgart, 1976:
Dieses Buch ist besonders gut geeignet, Leser in die Problematik der Differenzierungsprobleme einzuführen.
Bönsch, M.: Differenzierung des Unterrichts. Methodische Aspekte, München, 1972:
Ziel der Ausführungen ist es, dem differenzierungswilligen Lehrer methodisch-organisatorische Hilfen zu geben. Dabei werden Bereiche »Arbeitsdifferenzierung« und »Leistungsdifferenzierung« angesprochen.
Kochansky, G.: Leistungssteigerung durch unterrichtliche Differenzierung, Kiel, 1970:
Die Schrift beschreibt einen Schulversuch, in dem eine praktikable innere und äußere Differenzierung mit der Überprüfung der Leistungsverbesserung durchgeführt und erprobt wurde.
Teschner, W. P.: Differenzierung und Individualisierung des Unterrichts, Göttingen, 1971:
Der Herausgeber hat zu den Themenbereichen »Strukturmodelle und Forschungsberichte«,

»Individualisierung, programmierter und intradifferenzierter Unterricht« und »Didaktische Implikationen . . .« ausgewählte Kapitel zusammengestellt.

Meyer-Willner, G.: Differenzieren und Individualisieren, Bad Heilbrunn, 1979: Die Schrift wendet sich an Lehramtskandidaten, Lehrer in der 2. Phase und an erfahrene Praktiker. Sie informiert über die aktuelle Diskussion, zeigt die Tendenzen auf, gibt Hilfen für die Praxis und zum Weiterstudieren.

4.3 Gruppenarbeit und Partnerarbeit

Die Partnerschaft beim Lernen in der Schule hat eine vergleichbare pädagogische, didaktische und ökonomische Begründung wie der Gruppenunterricht bzw. die Gruppenarbeit.

Deshalb werden beide Unterrichtsformen hier zusammen besprochen.

Die Bezeichnung *Gruppenunterricht* ist in der Didaktik wenigstens dreimal vergeben worden:

● Man bezeichnet mit Gruppenunterricht die Zusammenfassung mehrerer Unterrichtsgebiete, die verschiedenen Fachwissenschaften angehören, zu einem nach pädagogischen Grundsätzen *einheitlich gestalteten Unterrichtsganzen* (fächerübergreifender Epochenunterricht).

  In dieser Bedeutung wird der Begriff heute nur noch selten gebraucht.

● Man kann von einem Gruppenunterricht im Sinne *Peter Petersens* sprechen, der Stammgruppen und Tischgruppen (Untergruppen) unterscheidet. Wenn jedoch nicht ausdrücklich Bezug auf den *Jenaplan* genommen wird, ist bei dem Wort Gruppenunterricht die Organisationsform dieses Planes nicht mitgedacht. (Drei Jahrgänge in einer Klasse, wodurch notwendig auch die Glieder einer einzelnen Tischgruppe einen starken Bildungsunterschied aufweisen!)

● Seit etwa 1900 setzt sich allmählich die heute gültige Bedeutung durch: Man versteht unter Gruppenunterricht den Unterricht, der sich durch *Zuweisung von Aufgaben an verschiedene Arbeitsgruppen der Klasse* entwickelt. Er tritt damit in Gegensatz zum Frontalunterricht, zum Unterricht »in gleicher Front«, bei dem alle Kinder für sich oder gemeinsam dieselbe Aufgabe zu lösen haben (vgl. *Meyer-Willner* 1979, 64).

Beim Gruppenunterricht werden üblicherweise zwei Formen unterschieden: der *arbeitsgleiche* und der *arbeitsteilige* Gruppenunterricht.

Beim *arbeitsgleichen* Unterricht gliedert sich zwar die Klasse in verschiedene Gruppen, doch ist allen Gruppen die gleiche Aufgabe gestellt. So ist etwa in Raumlehre von allen Gruppen die gleiche Fläche zu berechnen. Beim *arbeitsteiligen* Gruppenunterricht haben die einzelnen Gruppen verschiedene Aufgaben zu lösen, die aber einem Gesamtthema entspringen. Die Arbeit wird also *auf die Gruppen verteilt.* Der arbeitsteilige Gruppenunterricht in der Jahrgangsklasse bedeutet zweifellos eine Komplizierung der Unterrichtsgestaltung: die Bildung der Arbeitsgruppen, die Aufgliederung des Lehrgutes und die Kooperation machen eine besonders sorgfältige Planung des Unterrichts notwendig und stellen Anforderungen an die distributive Aufmerksamkeit des Lehrers und die Disziplin der Kinder. (Vgl. *Meyer-Willner* 1979, 66–71).

Partnerarbeit kann als unterrichtliche Sozialform zwischen Alleinarbeit und Gruppenarbeit eingeordnet werden. Sie entspringt der natürlichen Situation gegenseitiger Lernhilfe: Interaktion, Kommunikation und Zuwendung. Aber da die gegenseitige Abhängigkeit bei zwei Personen stärker und anfälliger sind als bei mehreren Partnern, wird die Partnerarbeit hinsichtlich der sozialen Lernziele als Vorform des Gruppenunterrichts angesehen. Die für die Zusammenarbeit erforderlichen Arbeitstechniken sind die gleichen wie beim Gruppenunterricht.

In der Nichtbeherrschung der Arbeitstechniken, in der Fehleinschätzung der Bedeutung solcher Voraussetzungen und in dem Mangel an Systematik und regelmäßiger Übung liegen wesentliche Gründe für den geringen Anteil des Gruppenunterrichts am gesamten Unterrichtsgeschehen, wenn auch andere noch hinzukommen, wie z. B. ungenügende Ausbildung der Lehrer und geringe Stundenzahl in einer Klasse aufgrund des Fachlehrersystems.

Welche Arbeitstechniken sind nun die wichtigen Voraussetzungen? Wie kann der Gruppen- und Partnerunterricht im Laufe der Schulzeit zur Anbahnung selbständigen Lernens organisiert werden?

Zunächst muß festgestellt werden, daß jede hier genannte Arbeitstechnik zu den Voraussetzungen gehört. Besonders wichtig und deshalb schon sehr früh zu üben sind aber die Fähigkeiten

– miteinander zu sprechen und

– zuhören, den anderen verstehen können.

Unterstützende Übungen müssen bereits in der Vorklasse bzw. im Kindergarten ansetzen (vgl. *Kochansky* 1975). Wenn auch keine scharfe Trennung und Reihenfolge des Einübens und Trainierens möglich und sinnvoll erscheint, müssen doch Prioritäten, *Schwerpunkte* in den einzelnen Schuljahren gesetzt werden.

Solche mögliche schwerpunktmäßige Berücksichtigung soll in der folgenden Beispielskizze aufgezeigt werden.

Beispielskizze zur Vorbereitung des Gruppenunterrichts

Grundschule Schuljahr	die Gruppenarbeit *vorbereitende Tätigkeiten*	die Gruppenarbeit *vorbereitende Arbeitstechniken*
1	partnerschaftliches Tun – Gemeinschaftsarbeiten – Alleinarbeit –	• Benutzen des Inhaltsverzeichnisses • aktives Zuhören –
2	miteinander sprechen können –	• Gliederungen, das Bilden von Abschnitten (Lesestücken, Texten) • Verdichten von längeren Texten
3	miteinander themenzentriert sprechen können	• Bilden einfacher Kategorien • Mitschreiben • Wiedergabe eines Sachverhaltes in Stichwörtern
4		• Anfertigen von Schaubildern, graphische Darstellungen

Sekundarstufe I Schuljahr	die Gruppenarbeit *festigende Tätigkeiten* und Aktivitäten	die Gruppenarbeit *festigende Arbeitstechniken*
5	Sachlichkeit – Produktorientiertheit	• Notieren • Faktensammeln – • Protokollieren
6	im Mittelpunkt der Allein-, Partner- und Gruppenarbeit	• Lösen von Aufgaben in der Gruppe – • Optisch strukturieren • Formulieren der Ergebnisse (schriftl. u. mündlich) –
7		• Vortragen der Ergebnisse – • Diskutieren der Ergebnisse –
8	*Hochform* (produktives Stadium) der Gruppenarbeit – regelmäßig – in Epochen	Integration und Anwendung der verschiedensten Einzeltechniken (vgl. Kap. 2 u. 3)
9	– in den Unterricht eingebaut, – das Unterrichtsfach wechselnd	

auf dem Wege zur ergebniszentrierten Unterrichtsform

Gruppenarbeit rationell und ökonomisch

Zusammenfassung:

Unter Gruppen- und Partnerunterricht wird ein Unterricht verstanden, bei dem Kleingruppen bzw. Partnern Aufgaben zu selbständiger Erledigung zugewiesen werden. Die Bedeutung von Arbeitstechniken, wie sie in Kap. 3 behandelt wurden, ist wichtige Voraussetzung für die Effektivität gruppenunterrichtlicher Verfahren.

Lernkontrollaufgaben:

– Nenne Arbeitstechniken, die bereits in der Grundschule zur Vorbereitung des Gruppenunterrichts erlernt werden können und müssen. Ziehe zum Vergleich Kap. 2 und 3 heran!
– Nenne Arbeitstechniken, die in den ersten drei Jahren der Sekundarstufe I geübt und beherrscht werden müssen.
– Versuche für einzelne Arbeitstechniken fachspezifische Schwerpunkte zu finden.

Kommentierte Literaturhinweise:

Simon, A.: Partnerschaft im Unterricht, München 1959:
Durch eine Gegenüberstellung der Partnerarbeit mit der Einzelarbeit und Klassenarbeit verdeutlicht *Simon* die Möglichkeiten und Grenzen. Eine Fülle von praktischen Beispielen erhärtet die unterrichtspraktische und sozialpädagogische Bedeutung der Partnerarbeit.

Schröter, G.: Schon morgen mit der Gruppenarbeit beginnen, Oberursel, 1972:
Durch den ausführlichen Bericht eines Großversuches und durch eine große Zahl praktischer Anregungen wird das Buch zu einer konkreten Praxishilfe.

Coppes, K. H.: Partnerarbeit im Unterrichtsgeschehen der Grund- und Hauptschule, Weinheim, 1972:
Das Buch will durch die Darstellung von Untersuchungsergebnissen und durch viele praktische Beispiele aufzeigen, in welcher Weise Partnerarbeit in der Grund- und Hauptschule eingesetzt werden kann.

Meyer, E.: Gruppenunterricht, Oberursel, 1975.

Vettiger, H.: Gruppenunterricht, Düsseldorf, 1979:
Durch theoretische Ausführungen, Untersuchungsergebnisse empirischer Forschungen und praktische Beispiele wird in beiden Büchern die Notwendigkeit und Möglichkeit der Gruppenarbeit überzeugend dargestellt.

Schell, Chr.: Partnerschaft im Unterricht, Psychologische und pädagogische Voraussetzungen, München, 1975:
Schell wählt vorrangig den Zusammenhang von Gruppierungsformen und Lehrprogrammen zum Gegenstand der Betrachtung.

Meyer-Willner, G.: Differenzieren und Individualisieren, Bad Heilbrunn, 1979: siehe Kommentar zu 4.2.

4.4 Gesprächsunterricht

Seit Jahrzehnten sind mehrere Begriffe für die Unterrichtsform, bei der das Gespräch im Mittelpunkt steht, im Umlauf: Unterrichtsgespräch (das freie, das gebundene), das Lehrgespräch, u. a. (vgl. *Thiele, H.*, 1980).

Das Typische des Unterrichtsverfahrens »Gespräch« ist im Vergleich zur frontalen Darbietung durch den Lehrer die *stärkere gegenseitige* Information. Die Schüler werden also im Gesprächsunterricht aktiviert, dabei ist diese Aktivierung beim freien Unterrichtsgespräch am stärksten, beim Lehrgespräch in Relation am schwächsten. *Um Gespräche führen zu können, müssen Fertigkeiten geübt sein.* Bereits im *Vorschulalter* können die Kinder lernen, anderen zuzuhören. Als Voraussetzung dafür ist die planvolle, *situationsgerechte Übung* in Vorklassen und Kindergärten wünschenswert (siehe *Kochansky* 1975). Dabei soll das Gespräch »als ein vom Pädagogen zurückhaltend geleitetes Miteinandersprechen der Kinder« verstanden werden, bei dem die Kinder lernen sollen

- Sachverhalte zu bezeichnen,
- eigene Wünsche zu verbalisieren,
- die Absichten und Meinungen anderer zu erfragen,
- eigene Ansichten zu begründen und
- die Aussagen anderer zu verstehen.

Die Gesprächsinhalte werden den alltäglichen Situationen entnommen. Diese Ziele bleiben während der gesamten Schulzeit Übungsziele. Hinzu kommen, in der Grundschule beginnend, in der Sekundarstufe verstärkt fortgeführt, Übungen für das Erlangen von *Verhaltensweisen*, die für ein Unterrichtsgespräch wichtige Voraussetzung sind.

Solche Verhaltensweisen sind

- warten können, sich freimachen von Unduldsamkeit. (Unduldsamkeit und Heftigkeit werden angemahnt)
- Wer zur Sache spricht, hat ein »Recht«, gehört zu werden
- Wer spricht, muß sich bemühen, bei der Sache zu bleiben

Vom *Lehrer* muß erwartet werden, daß er die *Erziehung zur Gesprächsfähigkeit* als eine langfristige Aufgabe erkennt und systematisch und zielbewußt betreibt. Gesprächsbereitschaft kann dabei nur geweckt und erhalten werden, wenn der Lehrer bereit ist, sich in Gespräche mit Schülern einzulassen und über die angestrebten Fähigkeiten bei den Schülern selbst verfügt. Insbesondere soll der Lehrer versuchen:

- mit allen Gesprächsteilnehmern Kontakt aufzunehmen (Augenkontakt, anreden, zuhören . . .)

- durch Fragen oder Bestätigungen die Beteiligung und das Interesse bekunden
- die eigene Meinung, den eigenen Standpunkt klar darstellen
- auf gezielte Fragen antworten
- sich bei seinen Beiträgen auf die Beiträge der Vorredner beziehen.

Als *Orientierung* für ein gesprächsförderndes Lehrerverhalten können folgende Feststellungen dienen:

- Impulse und Denkanstöße fordern stärker heraus als Fragen.
- Der Lehrer soll nur dann direkt Informationen einbringen, wenn diese von Schülern nicht gegeben werden können.
- Verbales Verhalten ist soweit wie möglich durch nonverbales zu ersetzen (Mimik, Gestik).
- Zustimmende, ermunternde Äußerungen sind sprachfördernde Rückmeldungen.
- Rückfragen (»Wie war das doch noch?«) und Entgegnungen (»Ich bin aber anderer Meinung«) fördern die Weiterführung des Gesprächs.

Solche Gesprächsregeln können besonders in den ersten Grundschuljahren hilfreich sein, doch muß die Gefahr des Verdrängens spontaner Äußerungen durch formale Übereinkünfte gesehen werden. Formale Übereinkünfte setzen Zeichen für den Fall, daß man direkt etwas erwidern will, etwas nicht verstanden hat oder den Schluß des Gesprächs wünscht. Sie können zur eigenen Disziplinierung dienen, so z. B. können Klopfzeichen daran erinnern, daß man einen Teilnehmer ausreden lassen soll.

Sich auf ein Gespräch mit Schülern einzulassen, bedeutet, daß man als Lehrer seine kommunikativen Stärken und Schwächen kennt, eine langfristige Erziehung der Klassen zur Gesprächsführung ernst nimmt und die Schüler als Gesprächspartner anerkennt. Der Klassenlehrer vergangener Jahrzehnte mit einem Stundenanteil von 15 Stunden und mehr in der Klasse hatte es leichter, solche Gesprächserziehung zu verwirklichen. Wenn sich die in einer Klasse unterrichtenden Lehrer hinsichtlich der Ziele, Strategien und Schwerpunkte verständigen, ist es auch heute möglich, Gesprächsbereitschaft und Gesprächsfähigkeit zu fördern.

In einer *Übersicht* sollen an dieser Stelle noch einmal die inhaltlichen, didaktischen und auch technischen Kriterien für Lehrer und Schüler als Sprecher und Hörer in zwei Schemata dargestellt werden.

Schema 1: Der Lehrer als Gesprächsleiter und -teilnehmer in der Vorbereitungsphase des Unterrichts

Didaktische Vorüberlegungen	arbeits- und methodentechnische Grundsätze
Ist das Gespräch als Methode mit Hinsicht auf Lerngegenstand und Gesprächspartner zweckmäßig und rationell?	Monotonie in der Gesprächsführung meiden – wenn möglich die Gesprächsformen variieren: gelenktes Gespräch als heuristisches oder hermeneutisches, Diskussion, freies Unterrichtsgespräch, unterhaltendes Gespräch
Wird bei der geplanten Stunde durch das Gespräch wirklich das Denken gefördert und nicht einer vordergründigen, inhaltsarmen Plauderei Raum gegeben? – – –	– – – Klare Ziele zu Beginn des Geprächs und wenn erforderlich – während des Gesprächs angeben. – – – Nicht nur durch Fragen, sondern auch durch Impulse Anstöße geben. – – – Bewußt und gezielt unterschiedliche Redeformen anwenden: Überzeugen, appellieren, verteidigen, informieren.

Schema 2: Der Lehrer als Gesprächsleiter und -teilnehmer während des Unterrichtsgesprächs

inhaltliche, didaktische Ziele	arbeitstechnische Ziele
Das Gespräch muß in der Struktur immer deutlich erkannt werden. – – –	Nicht mehrere Fragen auf einmal stellen! – – – Die Fragen nicht selbst beantworten.
Den roten Faden nicht verlieren und eigene Beiträge nur im erforderlichen Ausmaß bringen. – – –	Schülerbeiträge in jedem Fall berücksichtigen.

inhaltliche, didaktische Ziele	arbeitstechnische Ziele
Die eigenen Beiträge zum richtigen Zeitpunkt leisten.	− − −
	Keine Privatgespräche führen.
− − −	− − −
Vorläufige Arbeitsergebnisse festhalten und bekanntgeben.	Jede Minute genau planen.
− − −	− − −
Gesprächsstrukturierende Vorschläge machen.	Auf die Einhaltung der Gesprächsregeln achten und dabei loben bzw. ermahnen.

Zusammenfassung:

Gespräch wird verstanden als ein vom Pädagogen zurückhaltend geleitetes Miteinandersprechen der Kinder.

Im Gesprächsunterricht ist die *gegenseitige* Information stärker und intensiver als beim darbietenden Unterricht.

Vom Lehrer muß erwartet werden, daß er die Erziehung zur Gesprächsfähigkeit systematisch und zielstrebig betreibt. Das gilt für das Verhalten der Schüler, aber auch für das Lehrerverhalten.

Kontrollfragen:

– Welche Gesprächsregeln können für Schüler hilfreich sein?
– Welche Merkmale eines gesprächsfördernden Lehrerverhaltens sind zu nennen?

Kommentierte Literaturhinweise:

Thiele, H.: Lehren und Lernen im Gespräch. Gesprächsführung im Unterricht, Bad Heilbrunn, 1980:
Dieser Band der Lernbuchreihe »Erziehen und Unterrichten in der Schule« klassifiziert die Formenvielfalt der schulischen Gesprächsformen und gibt Lehrern und Studenten praxisnahe Anregungen und Hilfen für eine optimale Gesprächsführung.

Höller, E.: Zur Theorie und Praxis des Schülergesprächs, Wien, 1974:
Das Buch geht in kurzer und überzeugender Form auf die allgemeine Notwendigkeit, die Merkmale, die Voraussetzungen und die didaktische Problematik des Schülergesprächs ein.

Rössner, L.: Gespräch, Diskussion, Debatte im Unterricht der Grund- und Hauptschule, Frankfurt, 1971:
eine Schrift, die aus der Praxis entstanden ist und Handbuchcharakter hat. Literaturberichte und Praxisanregungen sind unmittelbare Hilfen für eigene Versuche.

Ritz-Fröhlich, G.: Das Gespräch im Unterricht, Anleitung, Phasen, Verlaufsformen, Bad Heilbrunn, 1977:
Fröhlich macht auf die Leistung des Gesprächs als unterrichtliche Lernform aufmerksam. Zugleich bietet sie Anregungen und Hilfen für den Lehrer im Gesprächsunterricht.

4.5 Projektunterricht

Ein Projekt ist nach den maßgeblichen Vertretern der Projektmethode *J. Dewey* (1859–1952) und *W. H. Kilpatrick* (1871–1936) *ein planvolles Handeln, das von der gesamten Person getragen wird und in einem sozialen Umfeld abläuft (Röhrs 1977)*. Projektunterricht kann und soll die »Hör- und Buchschule« ersetzen durch Handeln in Aufgabenfeldern, die einen Bezug zum öffentlichen Leben haben.

Die Merkmale eines Projektes aus der Rücksicht der deutschen reformpädagogischen Tradition lassen sich wie folgt auflisten:

- Die Themenstellung eines Projektes ist überfachlich. Fachwissen und Fachmethoden müssen zur Lösung herangezogen werden.
- Der übliche Stundenplan muß zugunsten größerer zusammenhängender Zeiteinheiten aufgegeben werden. Die Länge der Zeiteinheit wird vom Thema bestimmt.
- Projekte sind auf kooperative Arbeitsformen angelegt. Alleinarbeit, Partnerarbeit und Gruppenarbeit sind neben vielen Gesprächen die üblichen Arbeitsweisen.

Manuelle Tätigkeiten werden – wenn möglich und notwendig – mit eingeplant. Projektarbeit in der Schule ist nur möglich, wenn die Lehrer, Eltern und Schüler sie wollen und die Lehrer und Schüler die Voraussetzungen für einen solchen Unterricht erfüllen. Zu den *Voraussetzungen bei den Lehrern* gehören u. a. die Bereitschaft und Fähigkeit zum kooperativen Lehren, dem sog. Team-Teaching, d. h. zu einer gemeinsamen Planung, arbeitsteiligen Durchführung und kritischen Analyse von Unterricht. Es gibt selbstverständlich auch Projekte, die Lehrer allein durchführen können. Ferner müssen Lehrer die Abkehr vom Frontalunterricht und die Hinwendung zu kooperativen Arbeitsformen wünschen und die umfangreichen Vorbereitungen und die Durchführung organisieren können. *Schüler* müssen in der Lage sein, in Gruppen oder allein produktiv zu arbeiten.

Im einzelnen heißt das, daß die Schüler in der Regel bei jeder Projektarbeit

- Gespräche führen,
- Ergebnisprotokolle und
- Skizzen anfertigen können müssen.

Sie müssen beschreiben und berichten können, sie müssen Aufgaben allein, aber auch in Zusammenarbeit mit anderen verrichten können.

Ein Beispiel:

Der Anlaß
Schüler der 9. Klasse wenden sich mit dem Wunsch an den Schulleiter, für die Unterrichtspausen Sitzbänke aufgestellt zu bekommen. Sie begründen den Wunsch damit, daß sie bei dem lebhaften Treiben der kleinen Mitschüler aus der Grundschule nirgendwo eine Stelle finden für ein ungestörtes, ruhiges Gespräch.
Der Schulleiter schlägt vor, mit dem Klassenlehrer wegen der Möglichkeit zu sprechen, Bänke im Unterricht von den Schülern anfertigen zu lassen. Man einigt sich, den Schülervorschlag aufzunehmen und eine Projektwoche für diese Vorhaben einzuschieben.

Planungsphase:
Schüler und Klassenlehrer führen ein Gespräch über die Zahl der gewünschten Bänke und über die zu beteiligenden Fachlehrer. Man einigt sich auf 6 Bänke. Als mitarbeitende Lehrer sollten der Schulleiter (Organisationshilfe, Standortfrage), der Klassenlehrer (Organisationshilfe, Fragen der allgemeinen Planung) und der Werklehrer (Fachmann für Holzarbeiten) hinzugezogen werden. Außerdem sollte der Vorsitzende des Freundeskreises der Schule gebeten werden, bei der Materialbeschaffung und bei der Finanzierung behilflich zu sein.

Durchführungsphase:
Die Durchführungsphase verläuft in folgenden Stufen:
● Einigung über die Form (Gespräche, Skizze, Zeichnungen)
● Berechnung des Materialbedarfs (Holz, Zement, Schrauben . . .)
● Arbeit in 6 Gruppen – jede Gruppe arbeitet an einer Bank; dabei werden Skizzen angefertigt und die Unterlagen diskutiert.
Da die Materialbeschaffung und das Heranschaffen des Materials viel Zeit beansprucht, werden auch zwei Nachmittage in die Projektwoche einbezogen.
Der Verlauf und die Ergebnisse der Projektarbeit befriedigten alle Beteiligten sehr. Die Bänke waren lange Zeit die besondere Attraktion der Schule.

Kommentierte Literaturhinweise:

*Kaiser, A./Kaiser, F. J.:*Projektstudium und Projektarbeit in der Schule, Bad Heilbrunn, 1977:
Man findet eine Zusammenstellung von Dokumenten zum Projektstudium und zur Projektarbeit in der Schule mit gleichzeitiger Behandlung von Grundproblemen.
Dewey, J./Kilpatrick, W. H.: Der Projekt-Plan, Grundlegung und Praxis, Weimar, 1935:
Nach einer theoretischen Einführung über den Wandel der Erziehung folgt die Darstellung »zweckvollen Handelns im pädagogischen Prozeß« durch Projekte.
Röhrs, H.: Projekt, Projektunterricht. In: Wörterbuch der Pädagogik, Freiburg, 1977, 13 ff.:
Auf zwei Seiten werden im Zusammenhang mit der Motivationspsychologie, der pragmatischen Pädagogik und der Reformpädagogik die erzieherischen unterrichtstheoretischen und gesellschaftspolitischen Aspekte skizziert.
Odenbach, K.: Studien zur Didaktik der Gegenwart, Braunschweig, 1963:
Odenbachs Beiträge in diesen Studien sind die Ergebnisse langjähriger Praxis, kritisch überprüft und zur Diskussion gestellt. Das gilt auch für das Kapitel über den Projektunterricht. Es verfolgt das Ziel, die »richtige Mitte und das rechte Maß« zu finden.

Geißler, G.: Das Problem der Unterrichtsmethode in der pädagogischen Bewegung, Weinheim, Basel, Berlin, 1970:
Das Buch bringt typische Quellen zum Problem der Unterrichtsmethode, u. a. Beiträge von *Kretschmann/Haase* und *Nelson/Bossing* zum Thema Vorhaben bzw. Projekt.

Struck, P.: Projektunterricht, Stuttgart, 1980:
Ein praxisnah und theoretisch solide fundiertes Buch, in dem eine Didaktik des Projektunterrichts, in dem die historischen Bezüge und die Bezüge zu den Schulfächern, Lehrern und Lerngruppen abgehandelt werden.

5. Literaturverzeichnis

Aebli, Hans: Psychologische Didaktik. Didaktische Auswertung der Psychologie von Jean Piaget, Stuttgart, 1973.

Aebli, H./Montada, L./Steiner, G.: Erkennen, Lernen, Stuttgart, 1975.

Aebli, H.: Grundformen des Lehrens. Ein Beitrag zur psychologischen Grundlegung der Unterrichtsmethode, Stuttgart, 1974.

Bartmann, Th.: Psychologie der Lern- und Erziehungsschwierigkeiten, Bochum, 1976.

Becker, G. E./Dietrich, B./Kaiser, E.: Konfliktbewältigung im Unterricht – Situationsbeschreibung und Trainingsunterlagen, Bad Heilbrunn, 1978.

Beelich, K.-H./Schwede, H.-H.: Lern- und Arbeitstechnik, Würzburg, 1974.

Bengl, H.: Schulischer Erfolg und Mißerfolg, Kastellaun, 1975.

Berger, J. u. a.: Sehen – Das Bild der Welt in der Bilderwelt, Reinbek, 1974.

Blankertz, H.: Theorien und Modelle der Didaktik, München, 1975.

Boettcher: siehe Tymister

Bollnow, O. F.: Die Macht des Wortes, Essen, 1964.

Bollnow, O. F.: Sprache und Erziehung, Stuttgart, 1966.

Bollnow, O. F.: Sprache und Erziehung, in: Bildung und Erziehung, 18. Jg., 1965.

Bollnow, O. F.: Die pädagogische Atmosphäre, Heidelberg, 1965.

Bono, de. E.: Das spielerische Denken, Reinbek, 1972.

Bönsch, M.: Die Sprache der Comics im Unterricht, in: (E. Wolfrum) Kommunikation, Baltmannsweiler, 1975.

Bönsch, M.: Produktives Lernen in dynamischen und variabel organisierten Unterrichtsprozessen, Essen, 1970.

Bönsch, M.: Bedingungen und Dimensionen sozialen Lernens in der Sekundarstufe I, Essen, 1975.

Bönsch, M.: Ansätze zu einer Theorie soziales Lernen, in: Neue Unterrichtspraxis, 1972.

Bönsch, M.: Differenzierung des Unterrichts, München, 1972.

Bönsch, M.: Beiträge zu einer kritischen und instrumentellen Didaktik, München, 1975.

Bower: siehe Hilgard.

Brunnhuber: siehe Zöpfl.

Buck, G.: Lernen und Erfahrung. Zum Begriff der didaktischen Induktion, Stuttgart, 1969.

Coppes, K.-H.: Partnerarbeit im Unterrichtsgeschehen der Grund- und Hauptschule, Weinheim, 1972.

Correll, W./Schwarze, H.: Lernstörungen programmiert. Programmiertes Lehrbuch der Lernstörungen, Donauwörth, 1970.

Correll, W.: Lernstörungen beim Schulkind – Ursachen, Formen, Überwindungsmöglichkeiten, Donauwörth, 1973.

Cronbach, L. J.: Pädagogische Psychologie für die Schulpraxis, Weinheim, 1963.

Cube v. F.: Kybernetische Grundlagen des Lernens und Lehrens, Stuttgart, 1971.

Dahms, G.: Nachdenken im Unterricht, Königstein, 1979.

Dewey, J.: School and Society, Chicago, 1930.

Dewey, J./Kilpatrick, W. H.: Der Projekt-Plan, Weimar, 1935.

Dietrich, B.: siehe Becker.

Dolch, J.: Lehrplan des Abendlandes, München, 1959.

Dorsch, F.: Psychologisches Wörterbuch, Bern, 1970.

Dörner, D.: Die kognitive Organisation beim Problemlösen, Bern, 1974.

Dreikurs, R./Grunwald, B. B./Pepper, F. C.: Schülern gerecht werden, München, 1979.

Drever, I./Fröhlich, W. D.: Wörterbuch der Psychologie, München, 1968.

Eigler, G.: Auf dem Weg zu einer audio-visuellen Schule. Vom geschlossenen Lehrsystem zu offenen Lehrsystemen, München, 1971.

Einsiedler, W./Härle, H.: Schülerorientierter Unterricht, Donauwörth, 1976.

Eisenhut/Heigl/Zöpfl: Üben und Anwenden, Bad Heilbrunn, 1981.

Engfer, A.: Sozio-ökologische Determinanten von elterlichem Erziehungsverhalten, in: K. A. Schneewind/T. Herrmann Erziehungsstilforschung, 1978.

Erlinghagen, K.: Autorität und Antiautorität. Erziehung zwischen Bindung und Emanzipation, Heidelberg, 1973.

Fischer, M.: Wege zur inneren Differenzierung des Unterrichts durch programmierte Arbeitsmittel, Weinheim, 1975.

Fischer, M./Michael, B.: Differenzierung im Schulunterricht, Weinheim, Basel, 1973.

Foppa, K.: Lernen, Gedächtnis, Verhalten. Ergebnisse und Probleme der Lernpsychologie, Köln, 1972.

Forsberg, B.: Einführung in die Praxis schulischer Gruppenarbeit, Heidelberg, 1976.

Frank, H.: Lehrmaschinen in kybernetischer und pädagogischer Sicht (I), Stuttgart, München, 1963.

Frank, H.: Neue Bildungsmedien und -technologien in der Schul- und Berufsausbildung, Göttingen, 1975 (Schriften der Kommission für wirtschaftlichen und sozialen Wandel; 58).

Frank, H./Meder, B. S.: Einführung in die kybernetische Pädagogik, München, 1971.

Freire, P.: Pädagogik der Unterdrückten, Stuttgart, 1970.

Fröhlich: siehe Drever.

Fürntratt, E.: Motivation schulischen Lernens, Weinheim, 1976.

Gagné, R. M.: Die Bedingungen des menschlichen Lernens, Hannover, 1969.

Gagné, R. M.: Die Bedingungen des menschlichen Lernens. Beiträge zu einer neuen Didaktik, Hannover, 1973.

Gaudig, H.: Didaktische Präludien, Leipzig, Berlin, (1908), 1921.

Gaudig, H.: Die Schule im Dienste der werdenden Persönlichkeit, Berlin, 1917.

Gaudig, H.: Freie geistige Schularbeit in Theorie und Praxis, Breslau, 1921.

Geißler, G.: Das Problem der Unterrichtsmethode in der pädagogischen Bewegung, Weinheim, Basel, Berlin, 1970.

Glinz, H.: Linguistische Grundbegriffe und Methodenüberblick, Wiesbaden, 1974.

Glinz, H.: Kommunikation, Sprache und Gesamtverhalten, in: W. Ch. Zimmerli: Kommunikation, Basel/Stuttgart, 1977.

Glogauer, W.: Das Strukturmodell der Didaktik, Systematik und Methodologie, München, 1967.

Glöckel, H. u. a.: Lehrer- und Schülerverhalten in wechselseitiger Bezogenheit, Donauwörth, 1976.

Graumann, C. F.: Grundzüge der Verhaltensbeobachtung, in C. F. Graumann/H. Heckhausen: Pädagogische Psychologie 1, Frankfurt, 1973.

Grunwald: siehe Dreikurs.

Günther, M./Heinze, R./Schott, Fr.: Konzentriert arbeiten – gezielt studieren, München, 1977.

Hanke, B./Huber, G. L./Mandl, H.: Aggressiv und unaufmerksam. Die Aufgabe des Lehrers bei Schulschwierigkeiten. München, 1976.

Hasemann, K. G.: Verhaltensbeobachtung, in: C. F. Graumann: Handbuch der Psychologie, Bd. 6, Göttingen, 1964.

Hastenteufel, P.: Leben, Lehren, Lernen – Pädagogik Sekundarstufe II. Lehrer- und Schülerteil. Baltmannsweiler, 1978.

Härle: siehe Einsiedler.

Heiland, H.: Motivieren und Interessieren, Bad Heilbrunn, 1979.

Heiland, H.: Lehrer und Schüler heute, Kronberg, 1979.

Hentig v., H.: Schule als Erfahrungsraum. Eine Einübung im Konkretisieren, eine pädagogische Idee, Stuttgart, 1973.

Hentig v., H.: Was ist eine humane Schule? – München, 1978.

Hilgard, E. R.: Theories of learning, New York, 1956.

Hilgard, E. R./Bower, G. H.: Theorien des Lernens, Stuttgart, 1975, 2 Bde.

Hofstätter, P. R.: Psychologie, Frankfurt, 1972.

Hopf, D.: Differenzierung in der Schule, Stuttgart, 1974.

Höfling: siehe Schmid.

Höller, E.: Theorie und Praxis des Schülergesprächs, Wien, München, 1974.

Hülshoff, F./Kaldewey, R.: Training rationeller lernen und arbeiten, Stuttgart, 1977.

Kaiser, A./Kaiser, F. J.: Projektstudium und Projektarbeit in der Schule, Bad Heilbrunn, 1977.

Kaiser: siehe Becker.

Karnick, R.: Mein Heimatort II, Weinheim, 1964.

Keck, R. W.: Zielorientierte Unterrichtsplanung, Bochum, 1975.

Kemmler, L.: Erfolg und Versagen in der Grundschule, Göttingen, 1975.

Kern, H. J.: Verhaltensmodifikation in der Schule. Anleitung für die Schulpraxis, Stuttgart, 1974.

Kerschensteiner, G.: Begriff der Arbeitsschule, München, Stuttgart (1911), 1961.

Klaus, G.: Wörterbuch der Kybernetik, Frankfurt/Hamburg (1914), 1969.

Klafki, W. (u. a.): Didaktische Analyse, Hannover, 1974.

Klafki, W.: Studien zur Bildungstheorie und Didaktik. Weinheim, 1975.

Klafki, W.: Zum Verhältnis von Didaktik und Methodik, in: Klafki/Otto/Schulz: Didaktik und Praxis, Weinheim, 1979.

Kleber, E. W.: Lernverhalten von Schulversagern. Untersuchung zur Erklärung der Lernleistungsdifferenz bei lernbehinderten und nicht lernbehinderten Schülern. Weinheim, 1973.

Kleiter, E./Petermann, R.: Abbildung von Lernwegen, München, 1977.

Kliemann, H.: Anleitungen zum wissenschaftlichen Arbeiten, Freiburg, 1965.

Klix, F.: Information und Verhalten, Bern, 1971.

Kochansky, G.: Eingangsstufe – Konzeption, Modell, Theorie, Praxis, Heidelberg, 1975.

Kochansky, G.: Das Lernverhalten ehemaliger Vorklassenschüler in der Grundschule, Bad Heilbrunn, 1977.

Kochansky, G.: Leistungssteigerung durch unterrichtliche Differenzierung, Kiel, 1970.

Kochansky, G.: Verhaltensbeobachtung im Unterricht – ein Instrument pädagogischer Diagnostik und eine Hilfe für die Erziehung, in: Neue Unterrichtspraxis 1/80.

Kochansky, G./Schmid, W. F.: Lehrbuch zur Unterrichtsplanung, Baltmannsweiler, 1981.

94

König, E./Riedel, H.: Unterrichtsplanung (2 Bde). Weinheim, 1975.

Kösel, E.: Sozialformen des Unterrichts, Ravensburg, 1976.

Krapp, A.: Bedingungen des Schulerfolgs. Empirische Untersuchung in der Grundschule. München, 1974.

Krejci, M.: Kommunikation, in: H. Hirdeis: Taschenbuch der Pädagogik, Teil 2, Baltmannsweiler, 1978.

Krüger, R.: Projekt Lernen durch Lehren, Bad Heilbrunn, 1975.

Kugemann, W. F.: Lerntechniken für Erwachsene, Stuttgart, 1972.

Kugemann, W. F.: Kopfarbeit mit Köpfchen, Moderne Lerntechnik, München, 1975.

Kutscher, J.: Beurteilen oder verurteilen, München, 1977.

Lehnert, U.: Was hat die Kybernetik der Pädagogik bisher gebracht, und was ist künftig zu erwarten? in: Lobin, G., Kybernetik und Bildung I, Hannover, 1975.

Lempp, R.: Lernerfolg und Schulversagen. Eine Kinder- und Jugendpsychiatrie für Pädagogen, München, 1973.

Leontjew, A. N.: Probleme der Entwicklung des Psychischen. Berlin, 1973.

Loch, W.: Die anthropologische Dimension der Pädagogik, Essen, 1963.

Loch, W.: Sprache, in: J. Speck, G. Wehle, Handbuch pädagogischer Grundbegriffe, München, 1970.

Loch, W.: Redekunst und Unterricht, in: Bildung und Erziehung, 19. Jg., 1966.

Loch, W.: Die Sprache als Instrument der Erziehung, in: Die Schulpraxis, 56. Jg., 1966.

Loch, W.: Die pädagogische Funktion der Sprache, in: Verstehen und Vertrauen, Festschrift für O. F. Bollnow, hrsg. von J. Schwartländer, Stuttgart, 1968.

Lorenz, R./Molzahn, R./Teegen, F.: Verhaltensänderung in der Schule. Systematisches Anleitungsprogramm für Lehrer. Verhaltensprobleme erkennen und lösen. Reinbek, 1976.

Lorenzen, P./Schwemmer, O.: Konstruktive Logik, Ethik und Wissenschaftstheorie, Mannheim/Wien/Zürich, 1973.

Löhr: siehe Schmiedbauer.

Lukesch, H.: Erziehungsstile, Pädagogische und psychologische Konzepte. Stuttgart, 1975.

Lysaught J. P./Williams, C. M.: Einführung in die Unterrichtsprogrammierung, 1967.

Mandl: siehe Hanke.

Mann, I.: Lernprobleme, München, 1979.

Meder: siehe Frank.

Meichenbaum, D. W.: Kognitive Verhaltensmodifikation, dtsch. Ausgabe J. Kutscher, München/Wien/Baltimore, 1979.

Memmert, W.: Didaktik in Grafiken und Tabellen, Bad Heilbrunn, 1977.

Menze, C.: Überlegungen zur Anwendungsmöglichkeit der Entscheidungslogik auf die Curriculum-Konstruktion, in: Achtenhagen, F./Meyer, H.: Curriculumrevision – Möglichkeiten und Grenzen, München, 1971.

Merkle, S.: Die innere Differenzierung des Unterrichts in der Grundstufe, Donauwörth, 1975.

Merkle, S.: Theorie und Praxis der inneren Differenzierung in der Hauptschule, Donauwörth, 1976.

Meyer, E.: Die Gruppe im Lehr- und Lernprozeß, Frankfurt, 1970.

Meyer, E.: Gruppenunterricht, Oberursel, 1975.

Meyer, E./Forsberg, B.: Einführung in die Praxis der schulischen Gruppenarbeit, Heidelberg, 1973.

Meyer-Willner, G.: Differenzieren und Individualisieren, Bad Heilbrunn, 1979.

Meyer-Willner: siehe Keck.

Molzahn: siehe Lorenz.

Montada: siehe Aebli.

Naef, R. D.: Rationeller Lernen lernen, Weinheim, Basel, 1977.

Nickel, H.: Beiträge zur Psychologie des Lehrerverhaltens, München/Basel, 1974.

Nicklis, W. S. (Hg.): Handwörterbuch der Schulpädagogik, Bad Heilbrunn, 1973.

Odenbach, K.: Studien zur Didaktik der Gegenwart, Braunschweig, 1963.

Osche, G.: Biologische und kulturelle Evolution – die zweifache Geschichte des Menschen und seine Sonderstellung, in: Verhandlungen der Gesellschaft Deutscher Naturforscher und Ärzte, Berlin/Heidelberg/New York, 1973.

Otto: siehe Tymister.

Pache, H.-D.: Schulschwierigkeiten, Stuttgart, 1973.

Pepper: siehe Dreikurs.

Petermann: siehe Kleiter.

Petersen, P.: Führungslehre des Unterrichts, Braunschweig, 1951.

Petersen, P.: Der Kleine Jena-Plan, Weinheim/Basel, 1974.

Petersen, W. H.: Didaktik als Strukturtheorie des Lehrens und Lernens, Kastellaun, 1973.

Piontkowski, U.: Psychologie der Interaktion, München, 1976.

Popper, K. A.: Logik der Forschung, Tübingen, 1966.

Reischmann, J.: Leichter lernen – leicht gemacht, Freiburg, 1978.

Riedel: siehe König.

Riedler: siehe Schmidtbauer.

Ritz-Fröhlich, G.: Das Gespräch im Unterricht, Bad Heilbrunn/Obb., 1977.

Röhrs, H.: Projekt, Projektunterricht. In: Wörterbuch der Pädagogik, Freiburg, 1977, 13 ff.

Rössner, L.: Gespräch, Diskussion, Debatte im Unterricht der Grund- und Hauptschule, Frankfurt, 1971.

Rogers, C.: Lehren und Lernen, in: Gruppendynamik, 1971.

Rogers, C.: Lernen in Freiheit, München, 1974.

Roth, L.: Effektivität von Unterrichtsmethoden, Hannover, 1972.

Roth, L.: Unterrichtsanalysen in der Diskussion, Hannover, 1974.

Rubinstein, S. L.: Das Denken und die Wege seiner Erforschung, Berlin, 1972.

Salzmann, Ch.: Impuls – Denkanstoß – Lehrerfrage. Zum Problem der Aufgabenstellung im Unterricht, Essen, 1969.

Sandfuchs, U.: Arbeitstechniken. In: Handwörterbuch der Schulpädagogik, ed. Nicklis, 1973, 178.

Seidelmann, K.: Gruppenpädagogik im Schulunterricht, München, 1975.

Simon, A.: Partnerschaft im Unterricht, München, 1959.

Sitta: siehe Tymister.

Skowronek, H.: Lernen und Lernfähigkeit, München, 1976.

Spanhel, D.: Die Sprache des Lehrers, Düsseldorf, 1971.

Spanhel, D.: Schülersprache und Lernprozesse, Düsseldorf, 1973.

Starck, W.: Die Sitzenbleiber-Katastrophe. Tatsachen und erforderliche Sofortmaßnahmen, Stuttgart, 1974.

Steinbuch, K.: Kurskorrektur, Stuttgart, 1973.

Steiner: siehe Aebli.

Strobel, H.: Lern- und Leistungsstörungen. Genese, Therapie und Prophylaxe, Stuttgart, 1975.

Struck, P.: Projektunterricht, Stuttgart, 1980.

Schaller, K.: Aspekte kritisch-konstruktiver Didaktik, in: Schäfer, K.-H., Schaller, K.: Kritische Erziehungswissenschaft und Kommunikative Didaktik, Heidelberg, 1972.

Scheibner, O.: Der Arbeitsvorgang in technischer, psychologischer und pädagogischer Erfassung, in: Gaudig, H.: Freie geistige Schularbeit in Theorie und Praxis, Breslau, 1921.

Scheibner, O.: Die Arbeitsschule in Idee und Gestaltung, Heidelberg (1927), 1962.

Schell, Chr.: Partnerschaft im Unterricht, München, 1975.

Schiefele, H.: Programmierter Unterricht, Ergebnisse und Probleme aus Theorie und Praxis, München, 1964.

Schiefele, H.: Die Bedeutung der Sprache im Lernprozeß, in: Pädagogische Welt, 14. Jg., 1965.

Schleifer, H.: Zur Diagnose von Schulversagern. Das Verhältnis von intellektueller und motorischer Begabung als Index für eine Differenzierung leistungsschwacher Grundschüler, Stuttgart, 1971.

Schlotthaus, W.: Wohin steuert der Kommunikationsbegriff den Deutschunterricht? in: W. Wolfrum: Kommunikation, Baltmannsweiler, 1975.

Schmid, W. F.: Sprachkybernetische Textanalyse – Ein neues Verfahren zur Erfassung von Lernvorgängen, Köln, 1975.

Schmid, W. F.: Handlungsantizipation im Bewußtsein (Agadanticipio en la konscio), in: Interlingvistiko en Scienc kaj Klerigo-Laborkonferenco, Paderborn, 1978.

Schmid, W. F.: Ökonomische Unterrichtsplanung – Minimaler Aufwand – maximaler Effekt, Kastellaun, 1979.

Schmid, W. F./Höfling, H.: Technik zur Intelligenzsteigerung, Stuttgart/Bad Cannstatt, 1979.

Schmid, W. F.: Technik des Lernens. Stuttgart/Bad Cannstatt, 1980.

Schmid: siehe Kochansky.

Schmid, W. F.: Phänomenologie und Pädagogik, Mannheim, 1980.

Schmidbauer, M./Löhr, P./Riedler, R.: Unterrichtstechnologie in der Praxis. Der Schulfunk, München, 1976.

Schorb, A. O./Schmidbauer, M.: Aufstiegsschulen im sozialen Wettbewerb. Entwicklung und Hintergründe unterschiedlicher Bildungsbeteiligung in Bayern. Stuttgart, 1973.

Schröder, H.: Lerntheorie und Programmierung, München, 1971.

Schröder, H.: Leistungsmessung und Schülerbeurteilung, Stuttgart, 1974.

Schröder, H.: Lernen und Lehren, in: Hierdeis, H., Taschenbuch der Pädagogik, Teil 2, S. 546 ff., Baltmannsweiler, 1978.

Schröder, H. u. G.: Gruppenunterricht, Berlin, 1975.

Schröter, G.: Schon morgen mit der Gruppenarbeit beginnen, Oberursel, 1972.

Schulz, W.: Unterrichtsplanung, München/Wien/Baltimore, 1980.

Schwede: siehe Beelich.

Teegen: siehe Lorenz.

Teschner, W. P.: Differenzierung und Individualisierung des Unterrichts, Göttingen, 1971.

Thiele, H.: Lehren und Lernen im Gespräch, Bad Heilbrunn, 1980.

Thiele, J./Reinert, G.-B.: Pädagogische Kommunikation, Kastellaun, 1976.

Thiele, J./Reinert, G.-B.: Nonverbale pädagogische Kommunikation, München, 1977.

Tymister, H.-J.: Didaktik: Sprechen Handeln Lernen – München/Wien/Baltimore, 1978.

Tymister, H.-J. zus. mit W. Boettcher, G. Otto, H. Sitta: Lehrer und Schüler machen Unterricht, München/Wien/Baltimore, 1978.

Vettiger, H./Kobel, F./Kummer, V.: Lernziel: Selbständigkeit, Düsseldorf, 1970.

Vettiger, H.: Gruppenunterricht, Düsseldorf, 1979.

Vogel, A.: Artikulation des Unterrichts, Ravensburg, 1973.

Vogel, A.: Unterrichtsformen, Ravensburg, 1974/1975 (I/II).

Vogel, A.: Didaktik der Denkerziehung, Ravensburg, 1978.

Wagenschein, M.: Verstehen lernen. Exemplarisch, sokratisch, genetisch, Weinheim, 1975.

Walter, H.: Lehrstrategie und Lehreffektivität, München, 1973.

Weltner, K.: Informationstheorie und Erziehungswissenschaft, Quickborn, 1970.

Weltner, K.: Autonomes Lernen, Stuttgart, 1978.

Wiater, W./Lohrenz, H.: Mitwirken und Mitgestalten, Bad Heilbrunn, 1980.

Wieczerkowski, W.: Lernpsychologische Grundlagen des programmierten Unterrichts; Prinzipien-Ergebnisse-Probleme der linearen Programmierung, in: Nickel, H. u. Langhorst, E.: Brennpunkte der pädagogischen Psychologie, Stuttgart, 1973.

Winkeler, R.: Schulformen und Schulorganisation, Ravensburg, 1973.

Winkeler, R.: Differenzierung, Funktionen, Formen und Probleme, Ravensburg, 1976.

Zielinski, J.: Der Computer als Instrument im individualisierten Unterrichtsprozeß, Köln, 1971.